年齢別 2〜5歳児 合奏楽譜百科

石丸　由理・監修
佐藤千賀子・編著

ひかりのくに

監修のことば

子供たちは音楽が大好きです
どうしてでしょう…

　　　心の喜びを　ことば以外のことで表現できるから
　　　リズムにのって　うきうきできるから
　　　元気に・静かに・やさしく・はねて…と、いろいろな気分になれるから

そして　みんなと気持ちが一緒になった時
　　　　ことばで言い表せない満足が味わえるから

そうです！
合奏は　自分が参加して　みんなと一緒に喜びを共有できる
素敵な音楽の贈り物です

クラスみんなの笑顔が　大きく大きくふくらんで
心の豊かな子供たちに囲まれた　素敵な音楽の世界がたくさん生まれることを
心から願っています

石丸　由理

年齢別 2～5歳児 合奏楽譜百科

CONTENTS

2歳児

ぶんぶんぶん	4
アイアイ	6
おもちゃのチャチャチャ	9
ことりのうた	12
山のワルツ	14
ながぐつマーチ	16
山の音楽家	18

3歳児

ギュギュギュ	21
あひるの行列	23
はしれよ ほろばしゃ	25
すきですきでスキップ	27
おもちゃのチャチャチャ	30
キューピーダンス	33
おもちゃのマーチ	36
ドナルドおじさん	39
ミッキーマウス・マーチ	42
ひよこのダンス	46

4歳児

ちいさなせかい	49
びっくりシンフォニー	52
きのいいあひる	55
チム・チム・チェリー	58
まつりのたいこ	62
ガボット	66
白くまのジェンカ	70
スーパーカリフラジリスティックエクスピアリドーシャス	75
ベートーベンのトルコ行進曲	79
木ぼりの兵隊	87

5歳児

ちいさなせかい	92
おもちゃのシンフォニー	95
スケーターズワルツ	99
ドナウ川のさざなみ	103
ミッキーマウス・マーチ	107
ビビディ・バビディ・ブー	111
チキチキバンバン	115
調子のよいかじや～村のかじや～	
調子のよいかじや	120
ソーラン節	125
ハンガリー舞曲第5番	130
カッコウワルツ	135
河はよんでる	142
トルコ行進曲	149
ラデッキーマーチ	156
双頭の鷲の旗の下に	166
おもちゃの兵隊	171

一つの曲を各年齢で

さんぽ	
…並び方の例	179
…2歳児用	180
…3歳児用	181
…4歳児用	183
…5歳児用	186
…鼓笛隊用	189
…ハンドベル用	192
世界に一つだけの花	
…並び方の例	193
…2歳児用	194
…3歳児用	195
…4歳児用	199
…5歳児用	204
…鼓笛隊用	210
…ハンドベル用	213

和太鼓を各年齢で

並び方の例		214
和太鼓について・演奏方法・平太鼓リズム		215
2歳児	ゴロピカドン	216
3歳児	おおきなたいこ	217
4歳児	子どもみこし	219
	たいこ	222
5歳児	村まつり	225
	お江戸日本橋	229

付録……子どもの合奏について………233
子どもの音楽表現・リズムの基本・楽譜をアレンジするとき・導入方法・伴奏と指揮・楽器のバランスと年齢別楽器の構成・基本のリズムを楽しく打ちましょう!!

STAFF
楽譜浄書・版下　㈱福田楽譜
イラスト　おかじ伸・田中暎子
編集協力　永井一嘉
企画編集　安藤憲志・長田亜里沙

2歳児

ぶんぶんぶん

●日本語詞／村野四郎 ●ボヘミア民謡 ●編曲／佐藤千賀子

並び方の例

●右の図の楽器1つにつき、子ども1人を表しています。

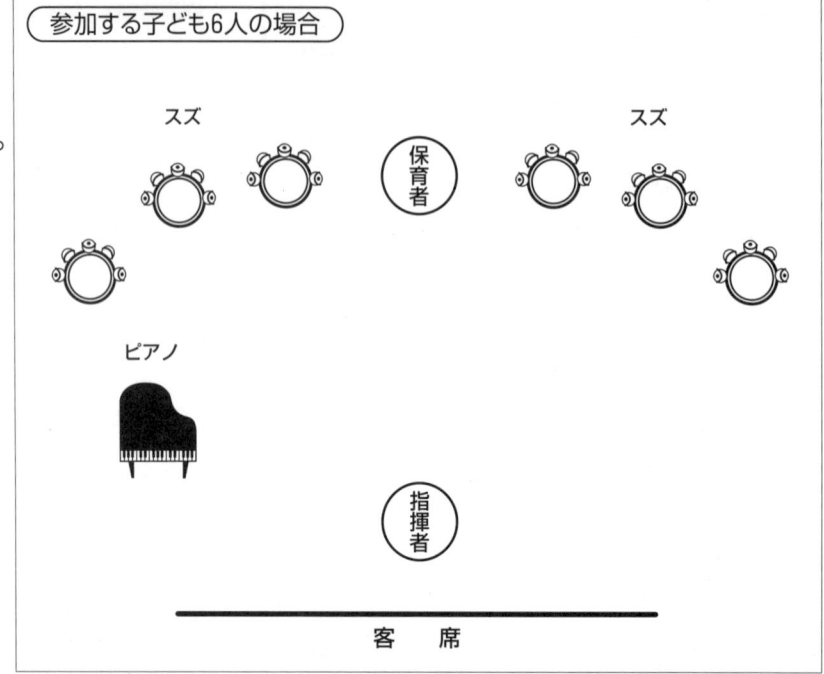

参加する子ども6人の場合

スズ　　　　　　　　スズ
　　　　　保育者
ピアノ
指揮者
客　席

楽器の使い方・導入のあそび

スズの使い方

○左手で持って（輪をつかむ感じ）、右手の握りこぶしで、左手首を打ちます。このとき、打楽器を持った方の手は動かさないのが基本です。
○トリル（本書では、主として、打楽器を細かく揺らす奏法）のときも、左手に持って振ります。長く振るときは、右手に持ちかえてもよいでしょう。

その他の注意点など

● 「おいけのまわりに…」のところは保育者がタンブリンで♩を打ってあげると、子どもが入りやすいです。
●聞いて待っていることも大切です。経験できるように工夫しましょう。
●スズのパートをカスタネットでもやってみてください。
●3歳で使うときは ♪♪♪♪｜♩ ♩｜のところ ♩ ♩｜♩ ♩｜
　　　　　　　はちがとぶ　　　　　　　はちがとぶ
とできるとよいですね。
●保育者か保護者と、子どもの2人組になり、身体表現で遊んでみましょう。
　「ぶんぶんぶん♩」のところ、向き合って、
　　ジャンプ、ジャンプ、ジャンプ　と3回、ジャンプ！
　「はちがとぶ」は向き合って手をつないで横に振ります。
　「おいけの…」では、子どもが大人のまわりを回り、
　「ぶんぶんぶん♩」で初めのジャンプをします。

ぶんぶんぶん

2歳児

アイアイ

●作詞／相田裕美 ●作曲／宇野誠一郎 ●編曲／佐藤千賀子

並び方の例

- 子どもは指揮者のまねをして、いっしょに振るようにするとよいでしょう。
（向かい合うときは、子どもと反対の手に楽器を持ちましょう）
- 後ろの保育者は後奏の「あいのて」担当になります。
  指揮者と子ども…
　　　はじめの「アイアイ」
  後ろの保育者…
　　　あとの「アイアイ」

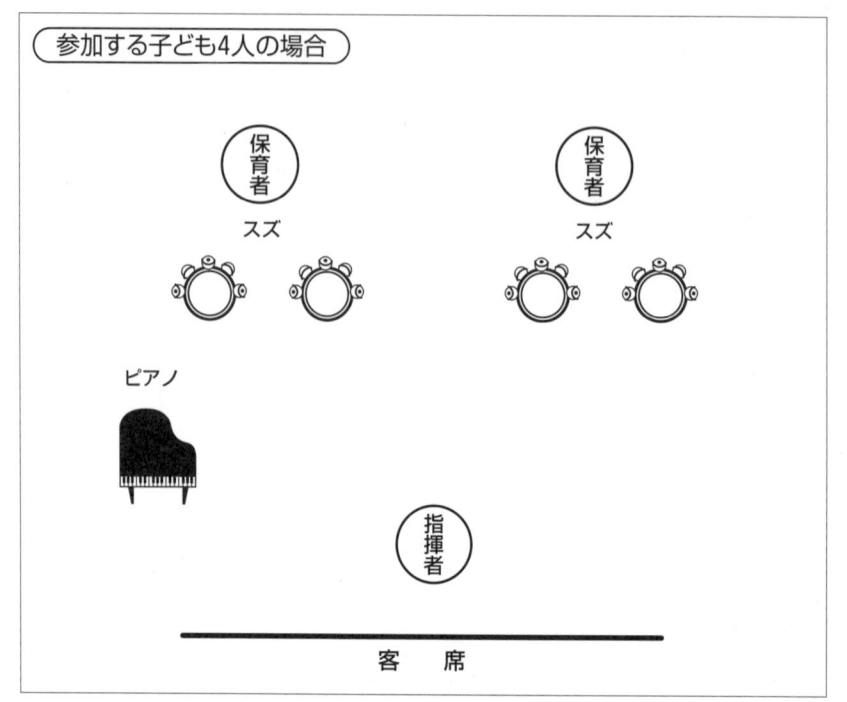

参加する子ども4人の場合

保育者　スズ　　保育者　スズ

ピアノ

指揮者

客　席

楽器の使い方・導入のあそび

音の出るものを振ろう！

- 乳酸飲料の空き容器にビーズを入れて作るなど、手作り楽器を振って遊びましょう。
- 「チャチャチャ」に合わせて振ってみましょう。
- マラカスなどでもやってみましょう。

ビニールテープでとめる　まん中を握ってふる　ビーズを入れる
空き容器で作る手作り楽器

その他の注意点など

- かけあいの曲ですので保育者のまねから入っていきます。曲になれるまでは、トリル（主要音とその2度上の音を、すばやく交互に演奏すること、が本来の意味ですが、本書では主として打楽器を細かく振る奏法のことをさします）のところだけをし、うたえるようになったらアイアイのところも入れるとよいです。保護者ともやってみましょう。
- 保育者も子どももスズですが、保育者がタンブリン・子どもがスズ、その反対など、違う楽器でもできるよう発展させていけます。

アイアイ

アーイ アイ (アーイ アイ) アーイ アイ (アーイ アイ) おさるさーんだよ

アーイ アイ (アーイ アイ) アーイ アイ (アーイ アイ) みなみのしまーの

アイアイ

アイアイ （アイアイ） アイアイ （アイアイ） し──っぽのなが い

アーイ アイ （アーイ アイ） アーイ アイ （アーイ アイ） おさ るさーんだ よ

2歳児

おもちゃのチャチャチャ

●作詞／野坂昭如（補作／吉岡 治） ●作曲／越部信義 ●編曲／佐藤千賀子

並び方の例

●参加人数は目安なので、クラスの人数に応じて、他のページの並び方も参考にしてみてください。

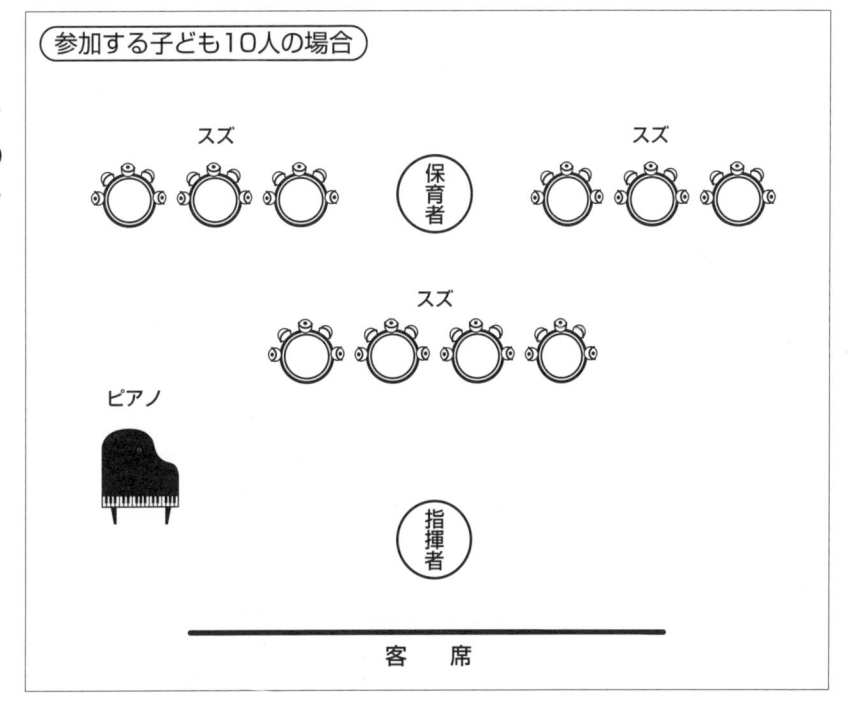

参加する子ども10人の場合

スズ　　保育者　　スズ

スズ

ピアノ

指揮者

客　席

楽器の使い方・導入のあそび

スズで遊ぼう

○保育者が『キラキラぼし』を弾きます。子どもたちは思い思いにそれに合わせてスズを振ります。

その他の注意点など

●チャチャチャのところだけのリズム打ちです。

●前奏の ♫♩ のところにもスズを入れてもよいです。

●Ｂ の部分は、3歳 ♩♩♩♩｜𝄺ᵗʳ‿‿‖

　　　　　　4歳 ♩♪♩♪｜𝄺ᵗʳ‿‿‖　♩♪♩♪｜♩♩♩♪‖

　　　　　　5歳 𝄽♪♩♪｜♩♩♩𝄽‖

でも使えます。

●子どもたちと向かい合って楽器指導するとき、保育者はスズを右手に持って行ないましょう。鏡の状態になってあげる方が、子どもたちにとって（特に2歳児には）、わかりやすいでしょう。

おもちゃのチャチャチャ

A
おもちゃのチャチャチャ　おもちゃのチャチャチャ　チャチャチャおもちゃの　チャ　チャ　チャ

B
そらにきらきら おほしさま　みんなすやすや ねむるころ

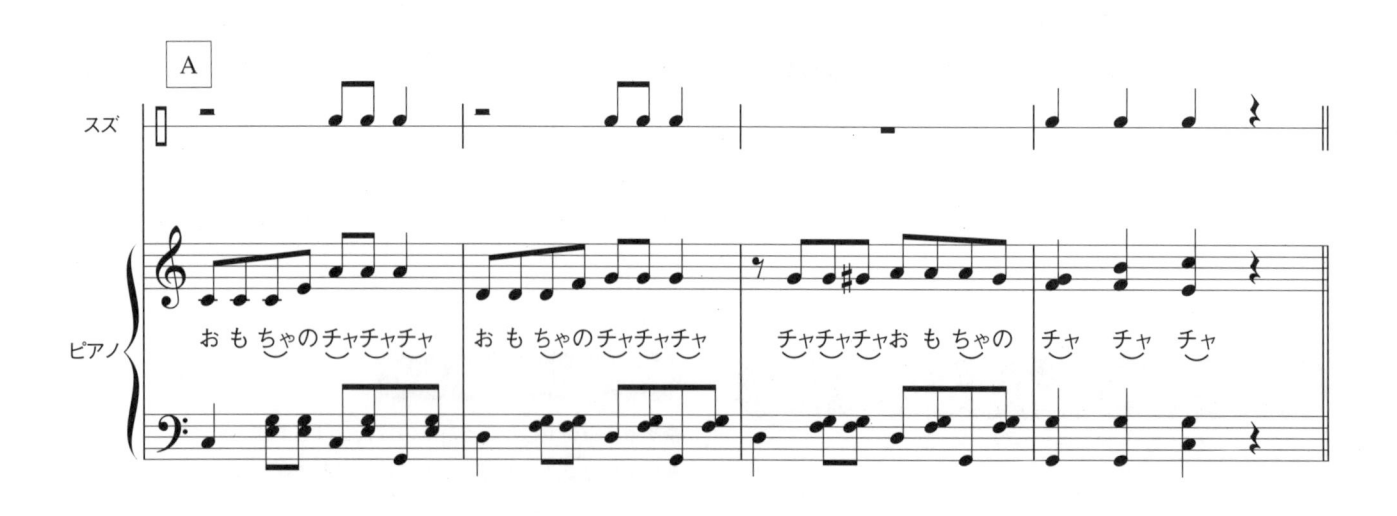

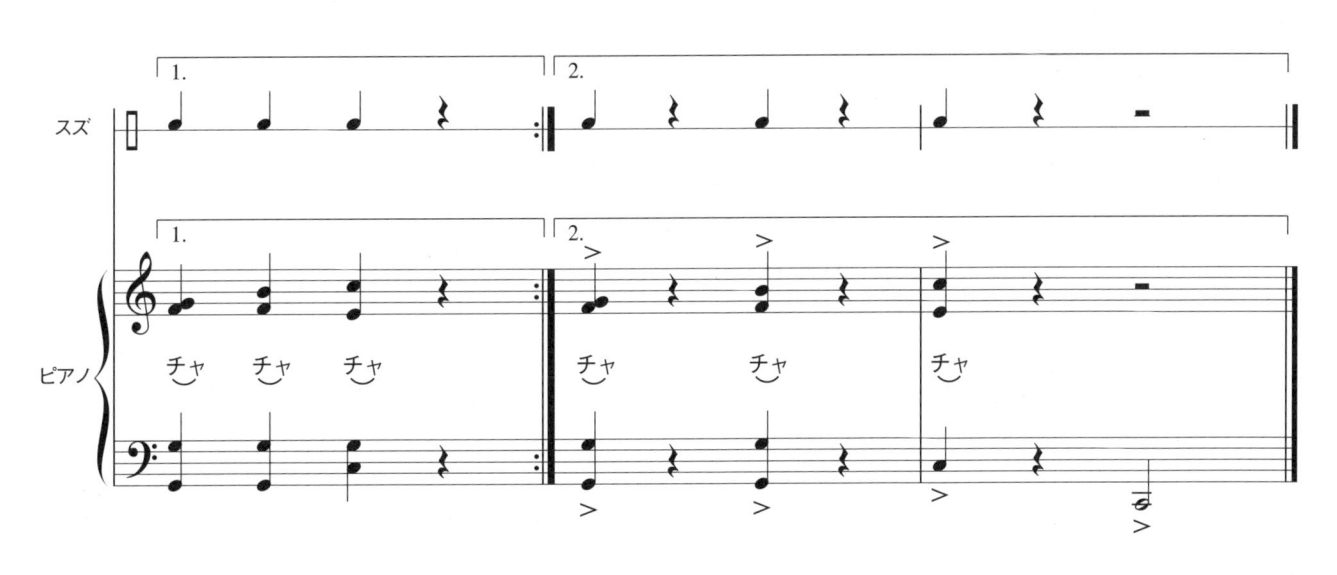

おもちゃのチャチャチャ

2歳児

ことりのうた

●作詞／与田準一　●作曲／芥川也寸志　●編曲／佐藤千賀子

並び方の例

●右のイラストに保育者を入れていませんが、2歳児の場合、補助する保育者が、一緒に舞台に上がる方がよいでしょう。

参加する子ども9人の場合

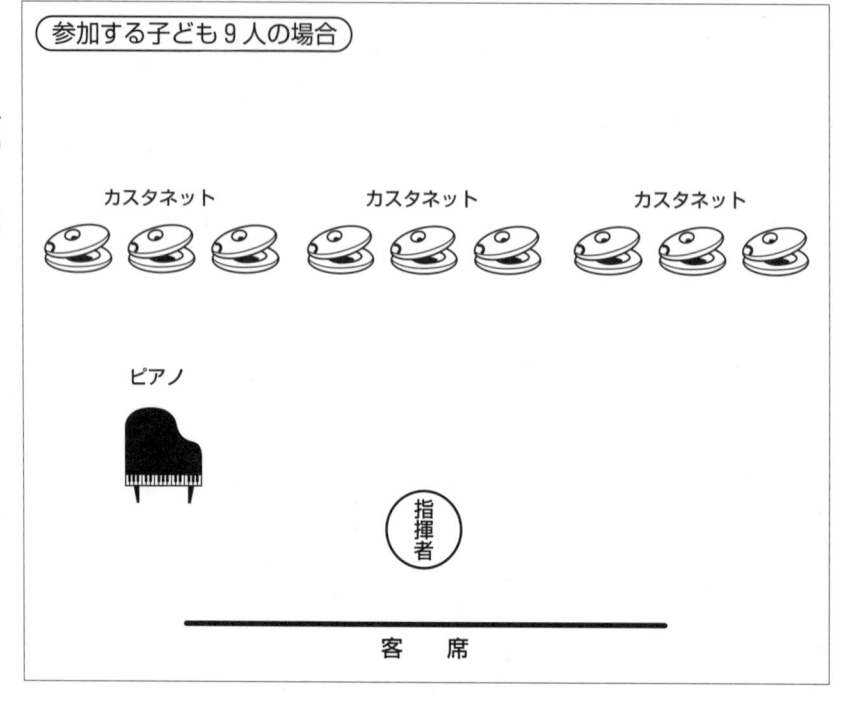

カスタネット　　カスタネット　　カスタネット

ピアノ

指揮者

客　席

楽器の使い方・導入のあそび

カスタネットの使い方

○左手のひとさし指、または中指を、ゴムひもの"輪"にさし入れ、手の平に安定させます。
○右手はピアノを弾くときのように、指先を軽く曲げて打ちます。右手首に力が入りすぎないようにしましょう。打楽器を持った方の手は動かさないのが基本です。

その他の注意点など

●カスタネットのゴムひもを、ひとさし指か中指（安定しない場合はゴムひもで調整しましょう）に入れ、小鳥さんになったように飛んでいって、ピピピ…のところで止まって、カスタネット打ちする遊びにも発展できます。
●強弱、テンポなども変え、いろんな小鳥さんの打ち方をしてみましょう。
●『せんせいとおともだち』（作詞／吉岡　治、作曲／越部信義）の「ギュギュギュ」でカスタネットをたたいてみるのもよいでしょう。

ことりのうた

こ とり はとっても うたがすき かあさんよぶのも うたでよぶ
ピ ピ ピ ピ ピ　チ チ チ チ　ピ チク リピイ

2歳児

山のワルツ

●作詞／香山美子 ●作曲／湯山 昭 ●編曲／佐藤千賀子

並び方の例

● 2歳児にとって、多くの保護者の前に立つことは緊張をともなうことですが、反面"自分もできる"という自信を表現できる場にもなります。全園児がお客さん役になって座り、予行演習もしてみましょう。

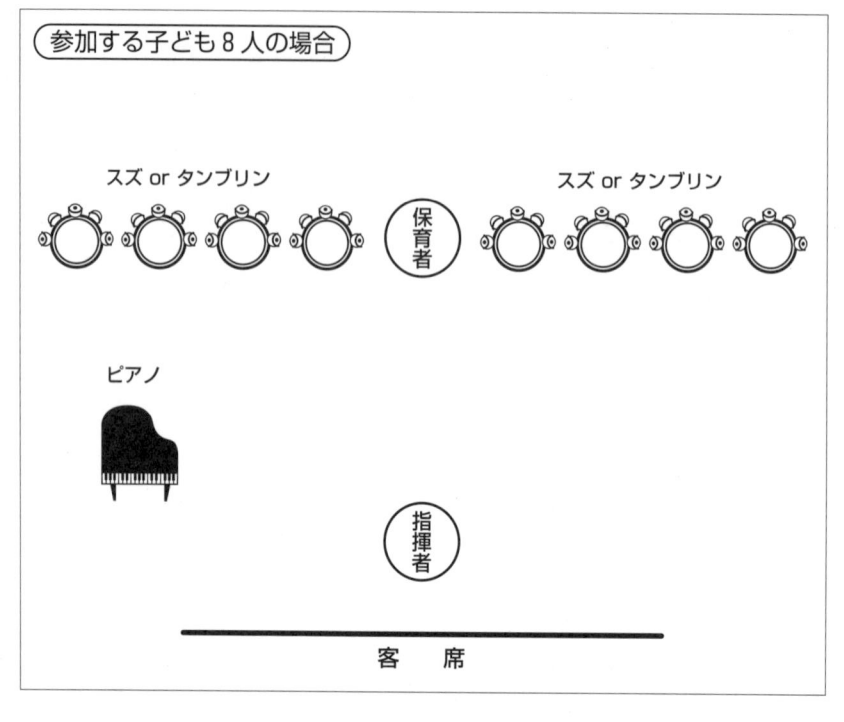

参加する子ども8人の場合

スズ or タンブリン　　　　　保育者　　　スズ or タンブリン

ピアノ

指揮者

客　席

楽器の使い方・導入のあそび

タンブリンの使い方

- 左手で枠を、親指で鼓面を押さえるようにしっかり持ちます。
- 右手はピアノを弾くときのように、指先を軽く丸めて打ちます。このとき、左手は動かさないようにします。
- 右手の指先を伸ばして枠を打ち、弱い音を出す「枠打ち」という奏法もあります。
- 枠についているスズの振音だけを鳴らすトリル奏法には、Ⓐ左手首を細かく回す、Ⓑ右手の親指の先で鼓面をこする、この2つがあります。

その他の注意点など

● 3拍子の曲です。
● 体を使って楽しく表現してください。
● トリル（ 主要音とその2度上の音を、すばやく交互に演奏するもの。ここでは、転じて、打楽器を細かく振る奏法をさします）なので、振れるものなら、スズ・タンブリン以外でもいろいろ工夫してやってみましょう。
● 時間でテンポを変えてみるのも楽しいです。

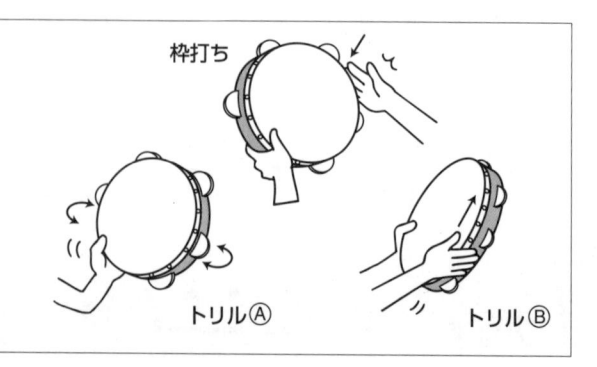

枠打ち

トリルⒶ　　　トリルⒷ

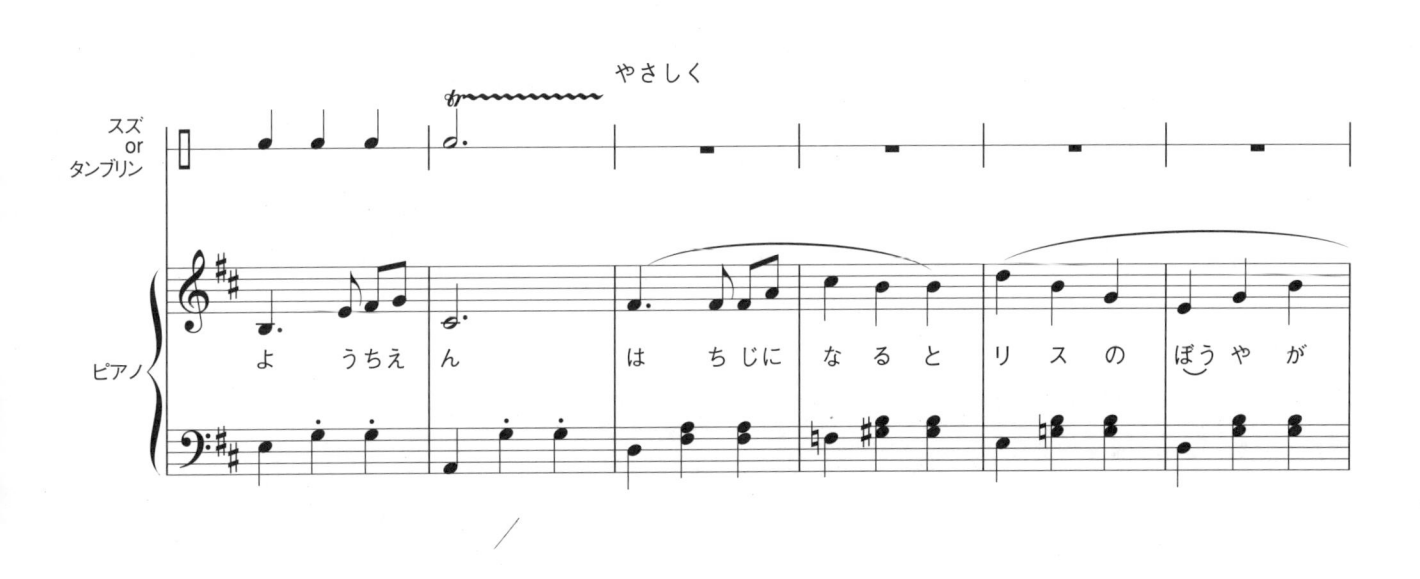

山のワルツ

2歳児

ながぐつマーチ

●作詞／上坪マヤ　●作曲／峯 陽　●編曲／佐藤千賀子

並び方の例

● 2歳児たちの成長ぶりを保護者の方にも見ていただきましょう。

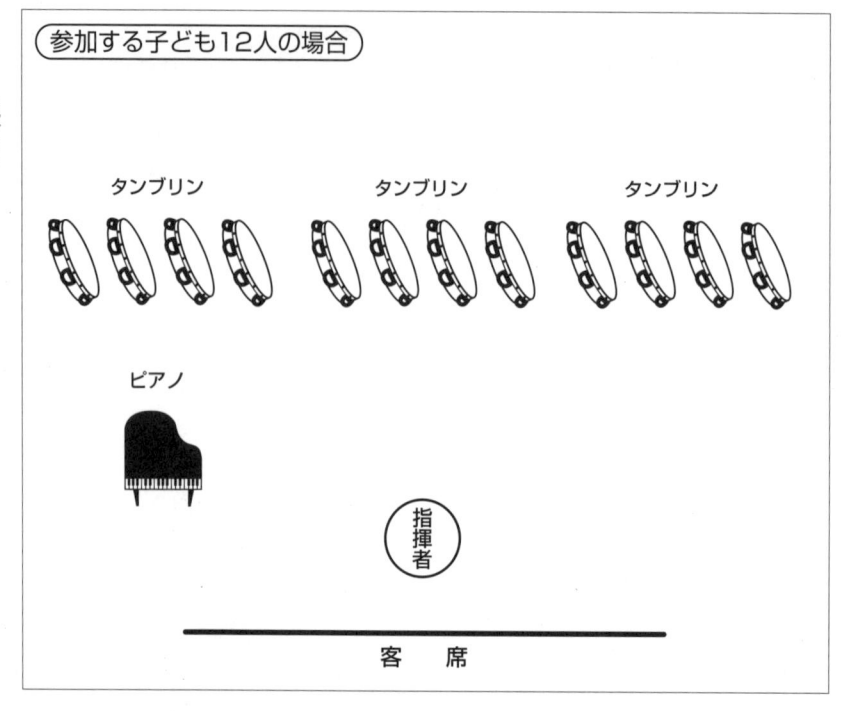

参加する子ども12人の場合

タンブリン　タンブリン　タンブリン

ピアノ

指揮者

客　席

楽器の使い方・導入のあそび

タンブリンで遊ぼう

○ たたくよ〜……タンタンタン
　 はやくたたくよ〜……タタタタタタ
これを交互に打って遊びます。保育者がたたくのに続いて、子どもたちにまねっこでたたいてもらいましょう。

その他の注意点など

● タンブリンだけでなく、タイコ、カスタネット、ラッパ、手作り楽器、体（足、おしり）などでも楽しく表現しましょう。
● タンブリンには小さめのものがあります。子どもが持てないときなど、さがしてみましょう。
● ♫♫♫ のところは、保育者がトリル（ここでは細かく振る奏法をさす）で鳴らすと、子どもたちとのかけあいになり、楽しいです。

ながぐつマーチ

ながぐつはいてるねドンドン ガボガボあるこうねドンドン どろんこみちでもさドンドン ほらへいきであるこうよドンドン

2歳児

山の音楽家

●作詞／水田詩仙　●ドイツ民謡　●編曲／佐藤千賀子

並び方の例

- ●参加人数の目安…24人
  - スズ……………12人
  - タンブリン………12人
- ●人数調整のしかた
  - 24人より多いとき……各々を増やす
  - 24人より少ないとき…各々を減らす

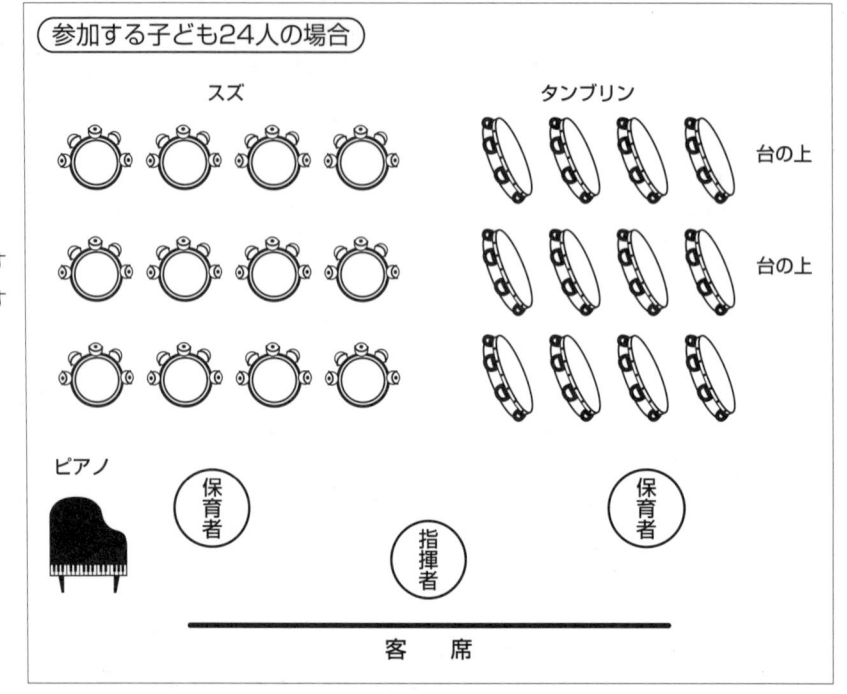

参加する子ども24人の場合

スズ　　　　　　　　　タンブリン

（スズ4個×3列）　　（タンブリン4個×2列：台の上）

ピアノ　保育者　指揮者　保育者

客　席

楽器の使い方・導入のあそび

スズで遊ぼう
- 左手にスズを持ち、肩・肘・手首、肩・肘・手首と、右手の握り拳でたたいて、「どこがいちばんいい音出るかな？」と聞いてみましょう。
- スズの奏法の確認にもなります。

その他の注意点など

- ●楽器を弾いているところに、スズ・タンブリンでトリル（$\begin{smallmatrix}tr\sim\\\circ\end{smallmatrix}$ 主要音とその２度上の音を、すばやく交互に演奏するもの。ここでは、細かく振る奏法）を入れました。スズ・タンブリンは左手に持つのが原則ですが、トリルのみの場合、始めから右手に持たせてもかまいません。
- ●いつまでも振り続ける子どもには、きちんと曲に合わせるように注意してください。
- ●指揮をする保育者のほかに、スズグループ・タンブリングループにも、補助の保育者が入って、ふだんから遊んでおきましょう。

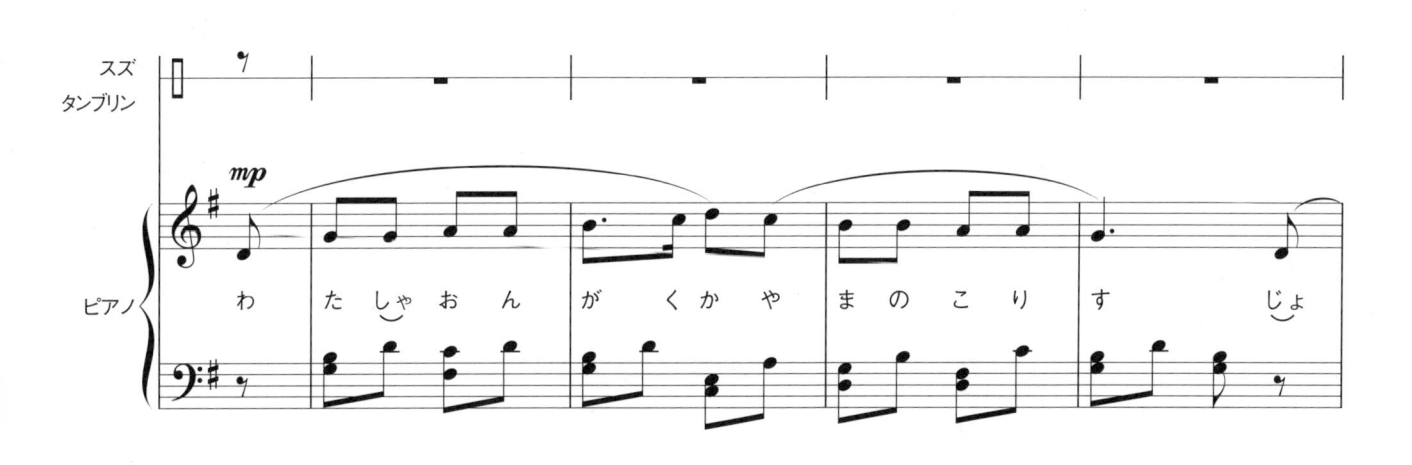

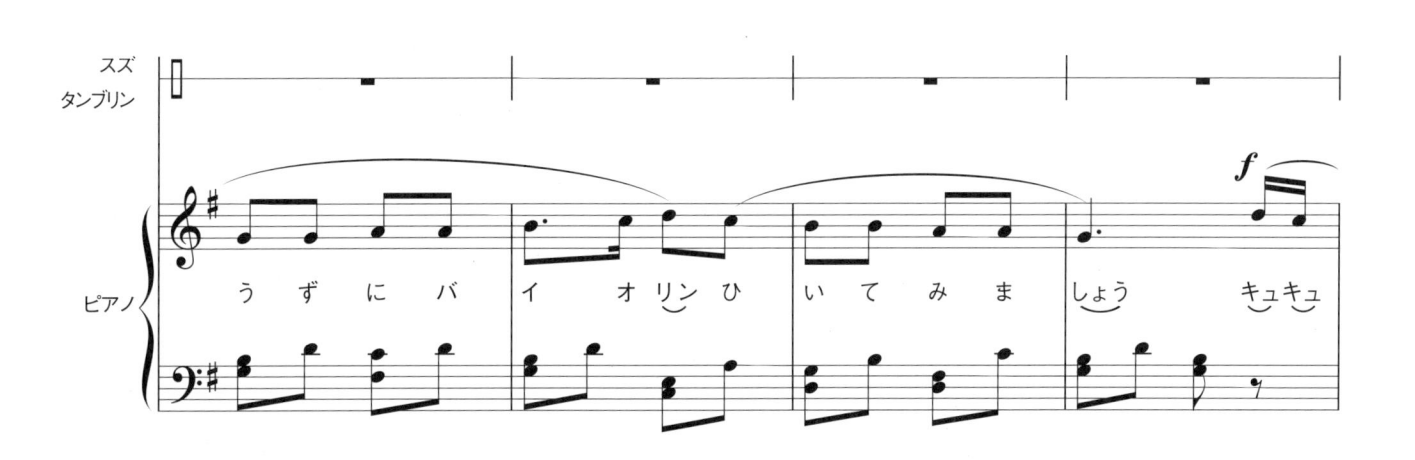

山の音楽家

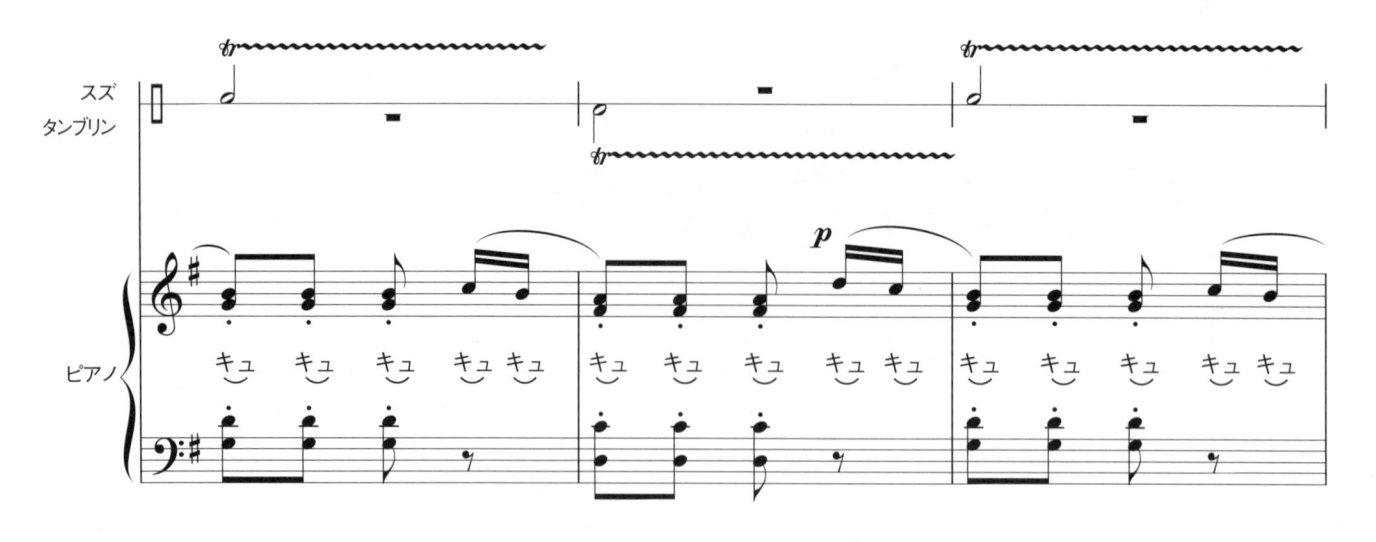

山の音楽家

3歳児

ギュギュギュ

●作詞・作曲／佐藤千賀子　●編曲／佐藤千賀子

並び方の例

● 参加人数の目安…24人
  - スズ……………8人
  - カスタネット……8人
  - タンブリン………8人

● 人数調整のしかた
  - 24人より多いとき…スズを増やす
  - 24人より少ないとき
    ……カスタネットを減らす

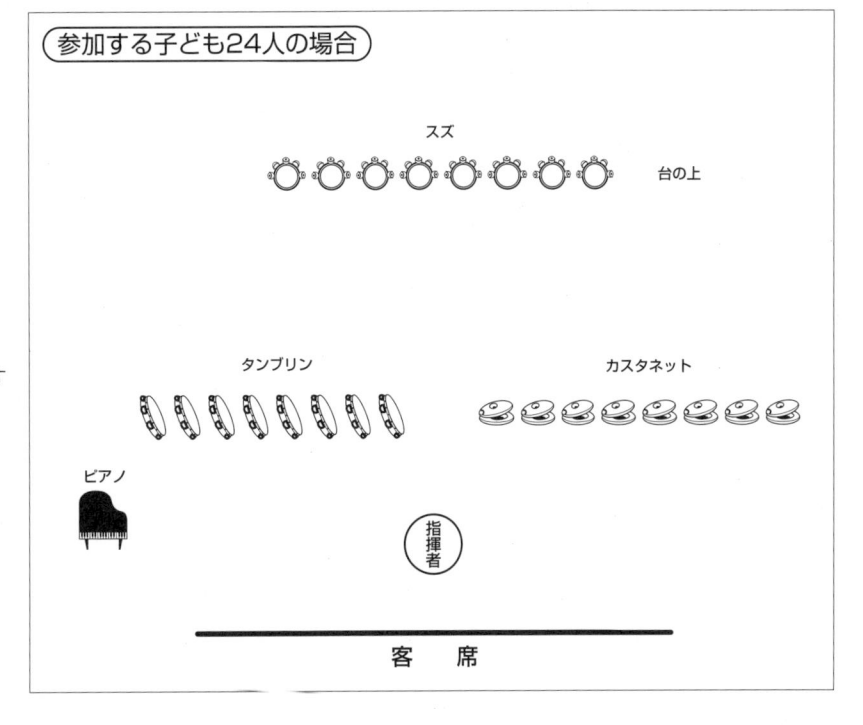

参加する子ども24人の場合

スズ　　　　　　　　　　台の上

タンブリン　　　　　カスタネット

ピアノ

指揮者

客　席

楽器の使い方・導入のあそび

スズで遊ぼう

- スズのトリルで遊びます。(トリル=ここでは細かく振る奏法)
「やさしく音を出しますよ」と小さな声で言いながら、小さい音を示します。
「みんなも、やってみようね」とやさしい音を出します。
同じように、大きい元気な音を出しますよ〜と、やってみましょう。

その他の注意点など

● ギュギュギュのところで楽器が入ります。
● この順番でなくても、いろんな楽器でも経験してみてください。
● 2歳児は ♩♩♩ ‖ でなく、 $\overset{tr}{\circ}$ ‖ だけですることもできます。

21

ギュギュギュ

3歳児

あひるの行列

●作詞／小林純一　●作曲／中田喜直　●編曲／佐藤千賀子

並び方の例

- ●参加人数の目安…24人
  - スズ……………8人
  - カスタネット……8人
  - タンブリン………8人
- ●人数調整のしかた
  - 24人より多いとき…スズを増やす
  - 24人より少ないとき
    　　　……カスタネットを減らす

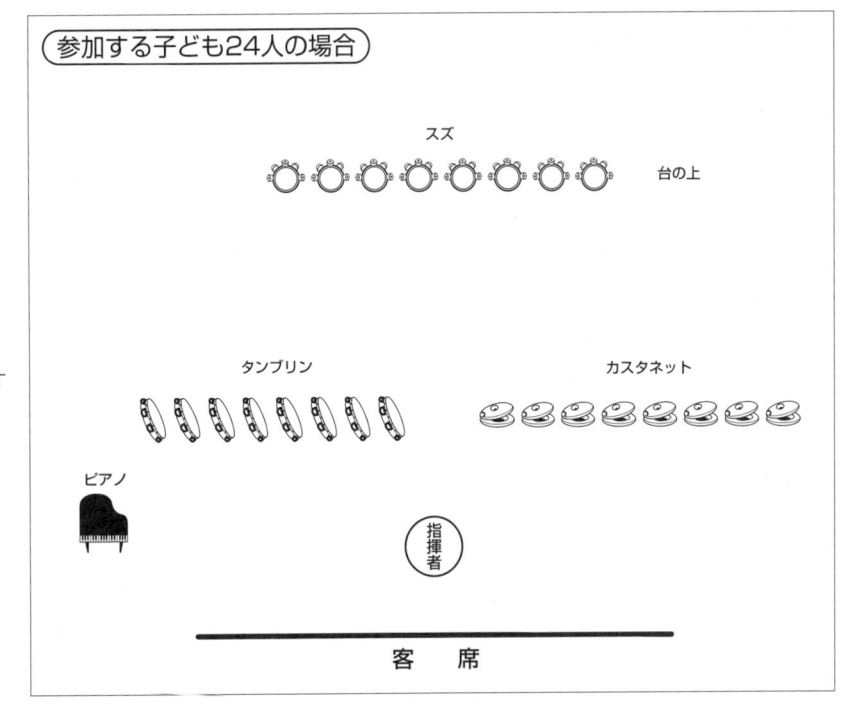

参加する子ども24人の場合

スズ　　台の上

タンブリン　　カスタネット

ピアノ　　指揮者

客　席

楽器の使い方・導入のあそび

スズで遊ぼう

- 『キラキラぼし』（日本語詞／武鹿悦子・フランス民謡）で遊びます。
  「きらきらひかる　おそらのほしよ」のところは、ふつうに1音ずつ打ちます。
  「まばたきしては　みんなをみてる」のところは、トリルで振ります。
  みんなでやってみましょう！

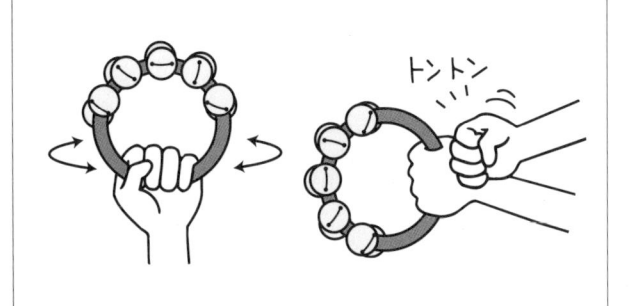

トントン

その他の注意点など

- ●基本のリズム ♩♩♩𝄽‖ でできています。
- ●うたったり身体表現したり、合奏以外にも使える曲です。
- ●大ダイコや小ダイコ（4歳児で使う）を取り入れて先行学習として体験することもできます。

23

あひるの行列

3歳児
はしれよ ほろばしゃ

●作詞／小林純一　●アメリカ民謡　●編曲／佐藤千賀子

並び方の例

●参加人数の目安…24人
　スズ…………8人
　カスタネット……8人
　タンブリン………8人

●人数調整のしかた
　24人より多いとき…スズを増やす
　24人より少ないとき
　　　　……カスタネットを減らす

参加する子ども24人の場合

スズ　　　　台の上

タンブリン　　　カスタネット

ピアノ　　　指揮者

客　席

楽器の使い方・導入のあそび

タンブリンで遊ぼう

　・ゆっくり……ターン　ターン
　　ふつう……タンタン　タンタン
　　はやく……タタタタタタタタ
　　3つの速さで打ちましょう。
　　保育者が打ち、続いて子どもたちがまねっこ
　　で打ちます。
　　（スズやカスタネットでもやってみましょう）

その他の注意点など

●$\frac{4}{4}$拍子の曲ですが、♩♩♩♩｜♩♪－‖のリズム打ちになります。

●歌から入っていくと、のばしている所に入るので、タイミングがわかればすぐにできるでしょう。

●ウッドブロック（4歳児で使う）を体験させる曲にもよいです。

はしれよ ほろばしゃ

3歳児

すきですきでスキップ

●作詞／東　龍男　山本直純
●作曲／山本直純
●編曲／佐藤千賀子

並び方の例

●**参加人数の目安…24人**
　スズ……………8人
　カスタネット……8人
　タンブリン………8人

●**人数調整のしかた**
24人より多いとき…スズを増やす
24人より少ないとき
　　　……カスタネットを減らす

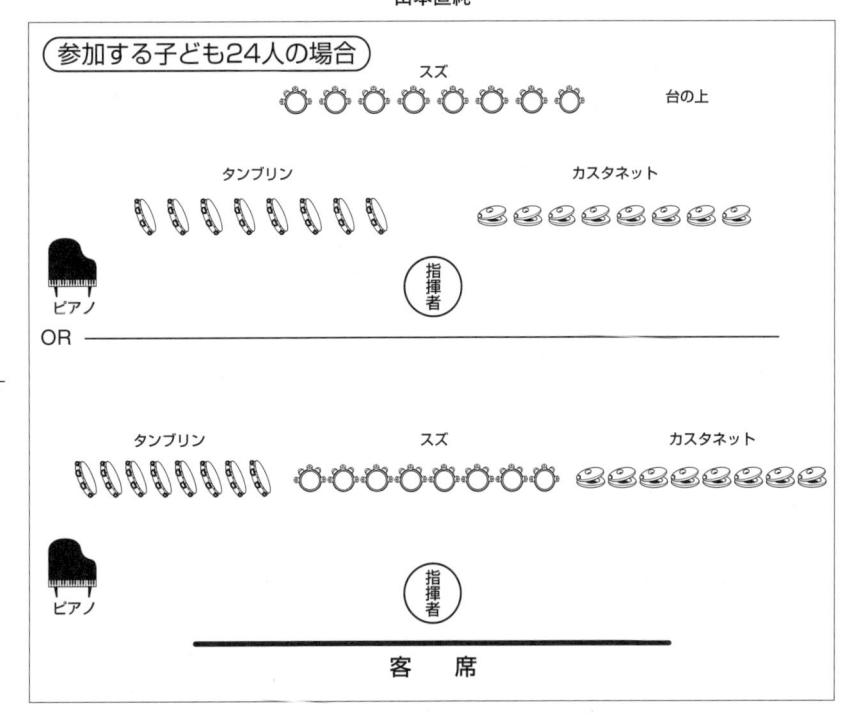

参加する子ども24人の場合

スズ　　　　　　　　　　　台の上
タンブリン　　　　　カスタネット
ピアノ　　　　　指揮者

OR

タンブリン　　　スズ　　　カスタネット
ピアノ　　　　　指揮者

客　席

楽器の使い方・導入のあそび

タンブリンで遊ぼう

○ゆっくり……シャラ
　ふつう……シャラ　シャラ
　はやく……シャラ　シャラ　シャラ　シャラ
　3つの速さでトリル（ここでは細かく振る奏法）です。
　保育者が鳴らし、続いて子どもたちがまねっこで鳴らします。
　（スズでもやってみましょう）

その他の注意点など

●基本のリズムは ♩♩♪ なので、(♪♫♪) は入れなくてもよいです。

●(♪♫♪) は体験として、「ちょっとやってみようか？」程度でするとよいでしょう。

すきですきでスキップ

すきですきでスキップ

3歳児

おもちゃのチャチャチャ

●作詞／野坂昭如（補作／吉岡 治）　●作曲／越部信義　●編曲／佐藤千賀子

並び方の例

●参加人数の目安…24人

スズ……………8人
カスタネット……8人
タンブリン………8人

●人数調整のしかた

24人より多いとき…スズを増やす
24人より少ないとき
　　……カスタネットを減らす

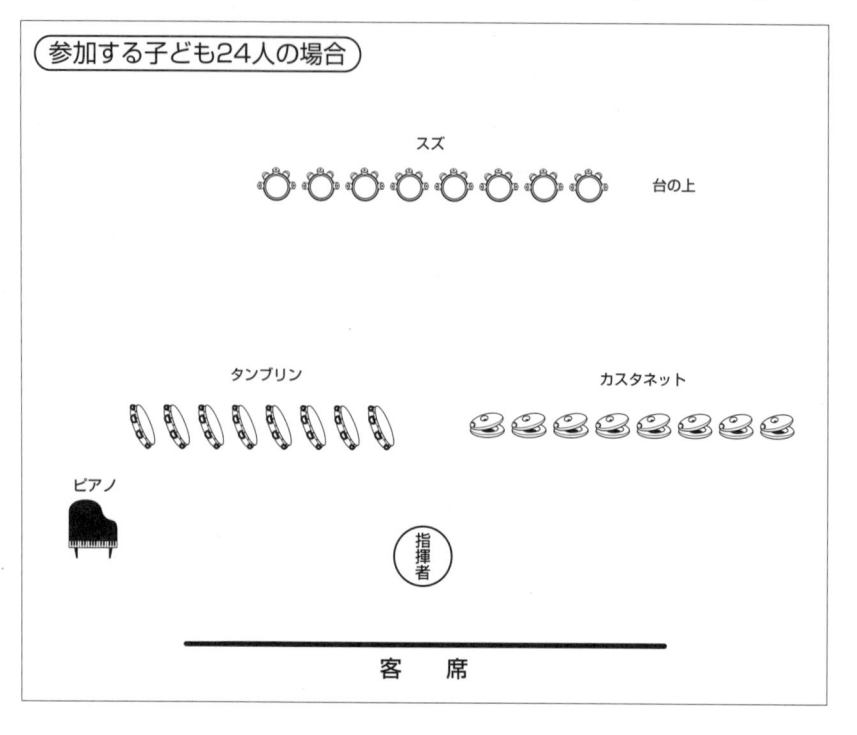

参加する子ども24人の場合

スズ　　台の上

タンブリン　　カスタネット

ピアノ　　指揮者

客　席

楽器の使い方・導入のあそび

タンブリンで遊ぼう

(打つ)　ゆっくり打ちます……ターン　ターン
　　　　ふつうに打ちます……タンタン　タンタン
　　　　速く打ちます……タタタタタタタタ

(トリル)　ゆっくり鳴らします……シャラ　シャラ
　　　　ふつう鳴らします……シャラシャラシャラシャラ
　　　　速く鳴らします……シャラシャラシャラシャラシャラシャラシャラシャラ

保育者が、6つの変化を示します。子どもたちもそれを覚えます。
「先生と同じ音を出してね」と6つのうちどれかを示し、子どもたちが続きます。これをランダムに組み合わせて遊びましょう。「次は何かな」と楽しく待ち構えるように、スピードをだんだん上げていくとおもしろいでしょう。
（スズでもやってみましょう）

その他の注意点など

● ♩♪♩♪｜♩♩♩♪‖ のリズムにしてみました。
● 始めは ♩♩♩♪‖ のリズム打ちから入ってください。
● できないときは ♩♩♩♪‖ のみでよいです。
● ♫♩ のリズムもありますが、歌から自然に入っていけるリズムなので、スムーズにできるようになるでしょう。

おもちゃのチャチャチャ

おもちゃのチャチャチャ

3歳児

キューピーダンス

●作詞／小林純一　●外国曲　●編曲／佐藤千賀子

並び方の例

- **●参加人数の目安…24人**
  - スズ…………8人
  - カスタネット……8人
  - タンブリン………8人
- **●人数調整のしかた**
  - 24人より多いとき…スズを増やす
  - 24人より少ないとき
  - 　　……カスタネットを減らす

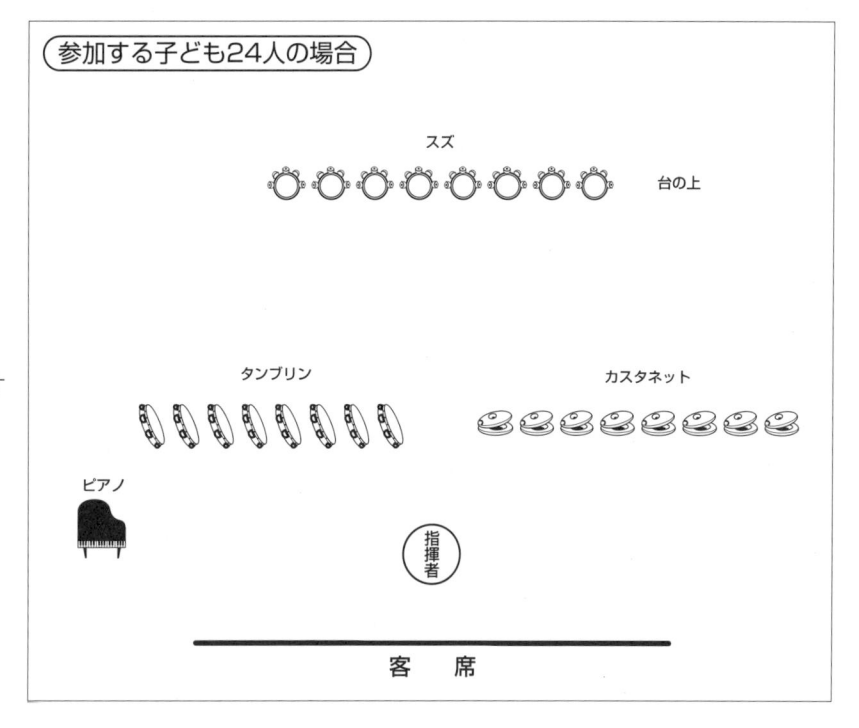

参加する子ども24人の場合

スズ　　　　　　　　　　台の上

タンブリン　　　　　カスタネット

ピアノ

指揮者

客　席

楽器の使い方・導入のあそび

スズ・カスタネット・タンブリンで遊ぼう

○はじめから、だれとだれがスズ、カスタネット、タンブリンと決めつけずに、全員がすべての楽器に親しめるように工夫しましょう。「今日は、どの楽器で遊ぼうか？」「カスタネットの日にしようか？」と導入しましょう。「スズの日」「タンブリンの日」も作って遊びましょう。この本の中の楽器遊びのバリエーションを楽しむうちに、子どもたちから、「あれやろう！」と声が出るようになってくるでしょう。

カスタの日ょー！

パスタ?!

キューピーダンス

キューピーダンス

1 2 3 と くいな ワルツ ラッ タッ タッ ター

おもちゃのマーチ

●作詞／海野　厚　●作曲／小田島樹人　●編曲／佐藤千賀子

3歳児

並び方の例

●参加人数の目安…24人

　スズ…………6人
　カスタネット……6人
　タンブリン………6人
　ラッパ…………6人

●人数調整のしかた

　24人より多いとき…スズを増やす
　24人より少ないとき
　　……カスタネットを減らす

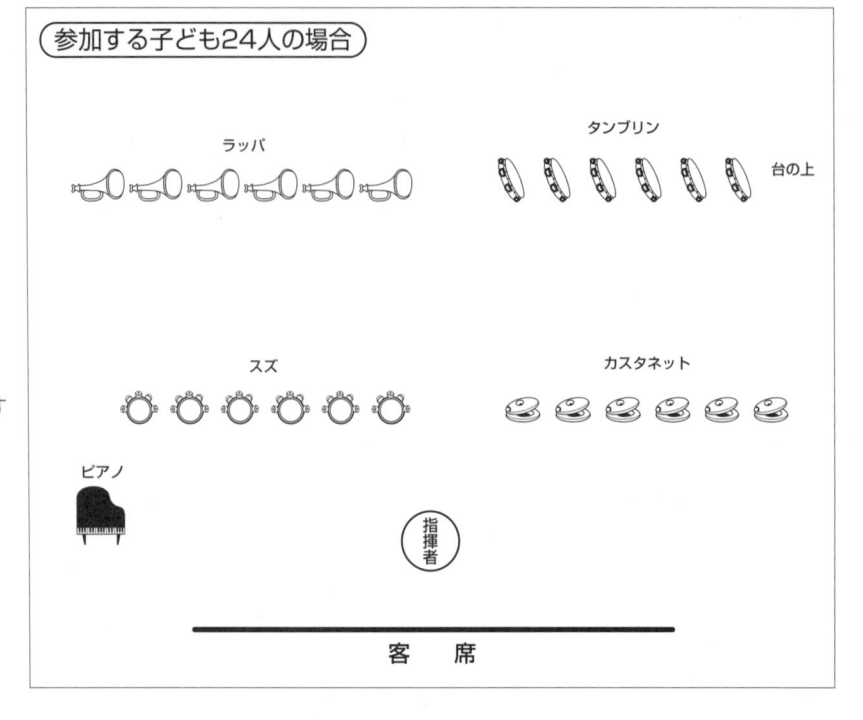

参加する子ども24人の場合

ラッパ　　　　　　タンブリン
　　　　　　　　　　　　　　台の上

スズ　　　　　　　カスタネット

ピアノ

指揮者

客　席

楽器の使い方・導入のあそび

スズ・カスタネット・タンブリンで遊ぼう

○「みんなの名前を呼びますよ。楽器を鳴らしてこたえてね。」
「○○ちゃん」「はあい（3拍）」
「○○くん」「はあい（3拍）」
「スズのみんな」「はあい（3拍）」
「カスタネットのみんな」「はあい（3拍）」
「タンブリンのみんな」「はあい（3拍）」
「○○ぐみのみんな」「はあい（3拍）」
1人ずつ、グループで、クラスでなどと、やってみましょう。

その他の注意点など

● ラッパ（おもちゃの音程のないものでよい）を入れて、楽しく合奏しましょう。
● ♩ ♫ のリズムが出てきます。
● 演奏順 A B B A C

ちょっと違うバージョンも！

は　　あ　　い

おもちゃのマーチ

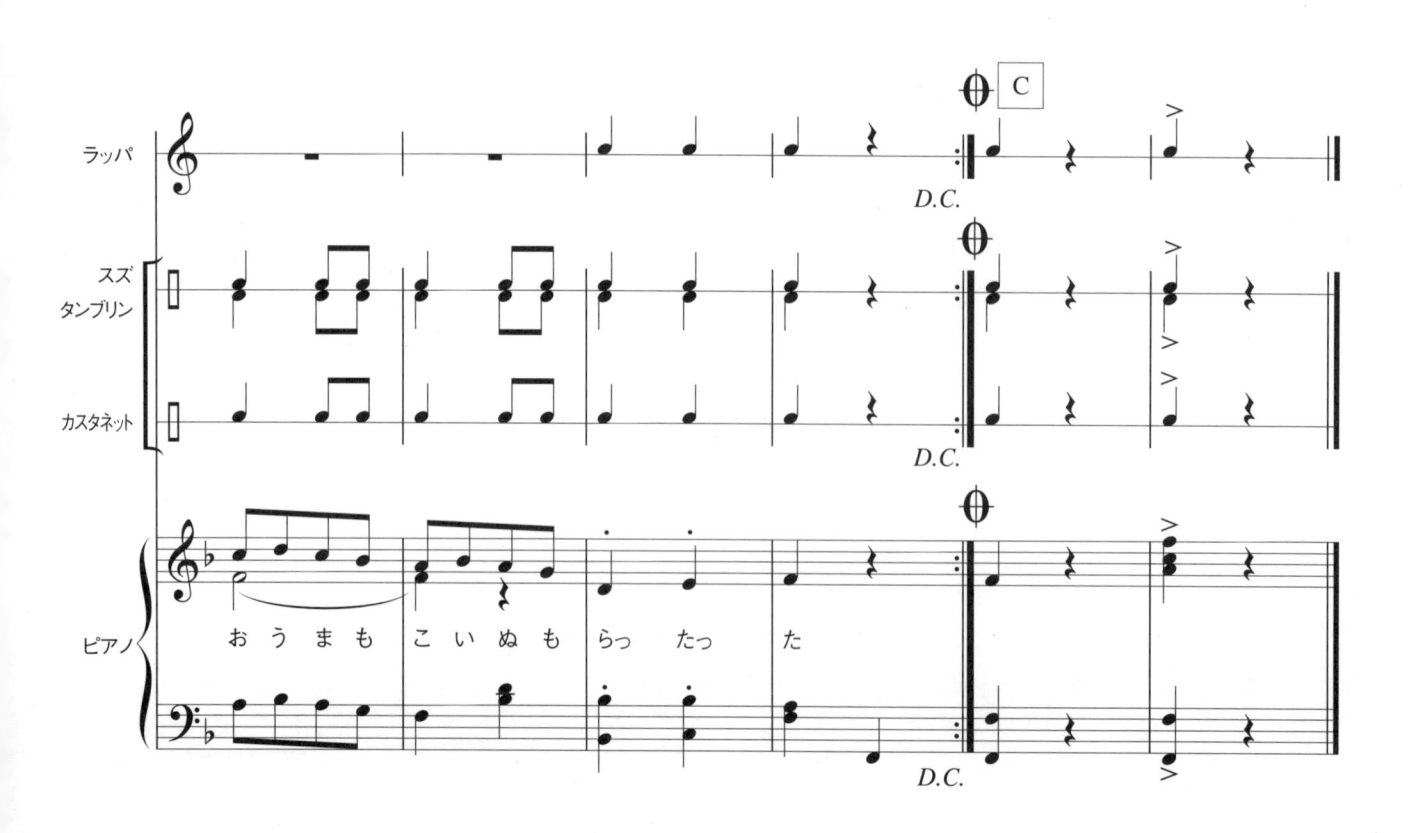

おもちゃのマーチ

3歳児
ドナルドおじさん

●作詞／不詳　●アメリカ民謡　●編曲／佐藤千賀子

並び方の例

● 参加人数の目安…24人
　スズ……………8人
　カスタネット……8人
　タンブリン………8人

● 人数調整のしかた
　24人より多いとき…スズを増やす
　24人より少ないとき
　　　……カスタネットを減らす

参加する子ども24人の場合

スズ　　　　　　　　　　　台の上

カスタネット　　　タンブリン

ピアノ

指揮者

客　席

楽器の使い方・導入のあそび

スズ・カスタネット・タンブリンで遊ぼう

○いろんな風を表現しましょう！　保育者の言葉に続いて鳴らしましょう。
　「やさしい風さんです。（スズ）」
　　スズだけ、やさしくトリルしましょう。
　「ちょっと強い風さんです。（スズ・タンブリン）」
　　スズは強く、タンブリンは弱くしましょう。
　「強い風さんです。（タンブリン）」
　　タンブリンだけ、強くトリルしましょう。
　「あらしです。かみなり（カスタネット）も鳴っています。」
　　スズ、タンブリン　強くトリルします。
　　カスタネット、各々のカミナリのイメージで強く鳴らします。

その他の注意点など

● 7拍のリズム打ちです。
● みんなで合わせて走らないようにしましょう。
● Bはクレッシェンド（＜　だんだん強く）に持っていってください。
● ドナルドおじさん→10人のインディアン（歌）→ドナルドおじさんにすると、メドレーでできます。

ドナルドおじさん

げんきよく

ドナルドおじさん

はたけで　しごと　げんきだ　よー

Fine

B

D.S.

ミッキーマウス・マーチ (MICKEY MOUSE MARCH)

並び方の例

●参加人数の目安…24人

スズ………………8人
カスタネット……8人
タンブリン………8人

●人数調整のしかた

24人より多いとき…スズを増やす
24人より少ないとき
……カスタネットを減らす

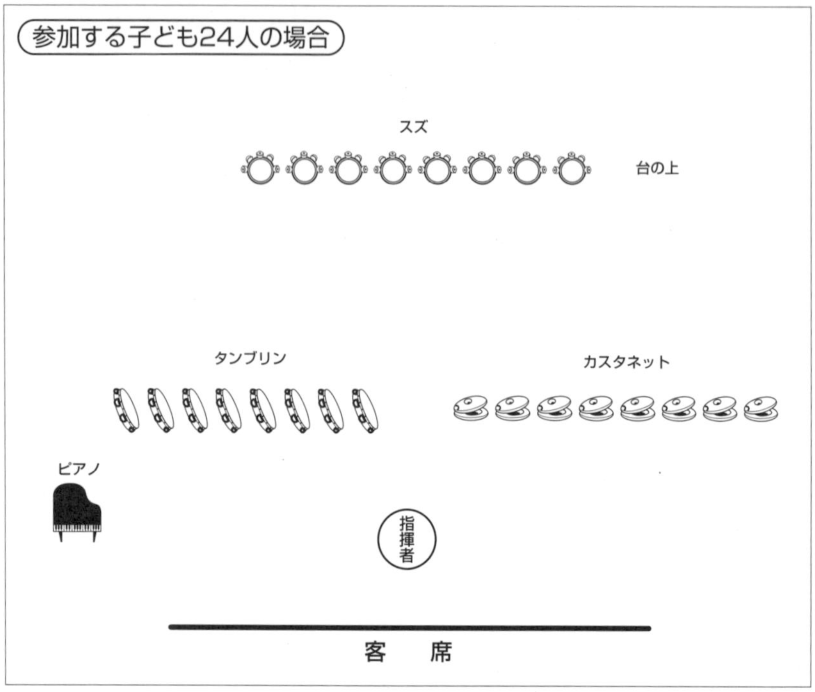
参加する子ども24人の場合
スズ
台の上
タンブリン
カスタネット
ピアノ
指揮者
客　席

楽器の使い方・導入のあそび

スズ・カスタネット・タンブリンで遊ぼう

- 「この音なあに？」と言いながら、ピアノのうしろなどにかくしつつ、楽器を鳴らします。あらかじめ、スズ・カスタネット・タンブリンのグループに分けておきます。「音が聞こえた楽器の人だけ鳴らしましょう」と言って、鳴らしてもらいましょう。「鳴らし方もいっしょよ！」と、奏法もまねっこしてもらいましょう。
  ㊗スズを鳴らす→㋙スズのグループ
  ㊗タンブリンを鳴らす→㋙タンブリンのグループ
  ㊗なべの底をたたく→㋙？？？(笑)
  ㊗カスタネットを鳴らす→㋙カスタネットのグループ
  など、おもしろい工夫をしてみましょう。

その他の注意点など

●歌をうたいながらできると楽しいです。

●タンブリンとスズの 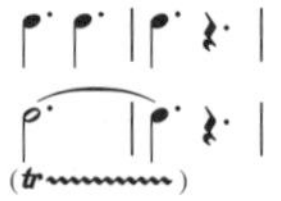 はどちらでもよいです。

●ヘイヘイヘイのところは、みんなで大きな声で言いましょう。

ミッキーマウス・マーチ (MICKEY MOUSE MARCH)

●Words and Music by Jimmie Dodd　●日本語詞／漣　健児

©1955 by WALT DISNEY MUSIC COMPANY
Copyright Renewed.
All Rights Reserved. International Copyright Secured.
Rights for Japan controlled by YAMAHA MUSIC FOUNDATION

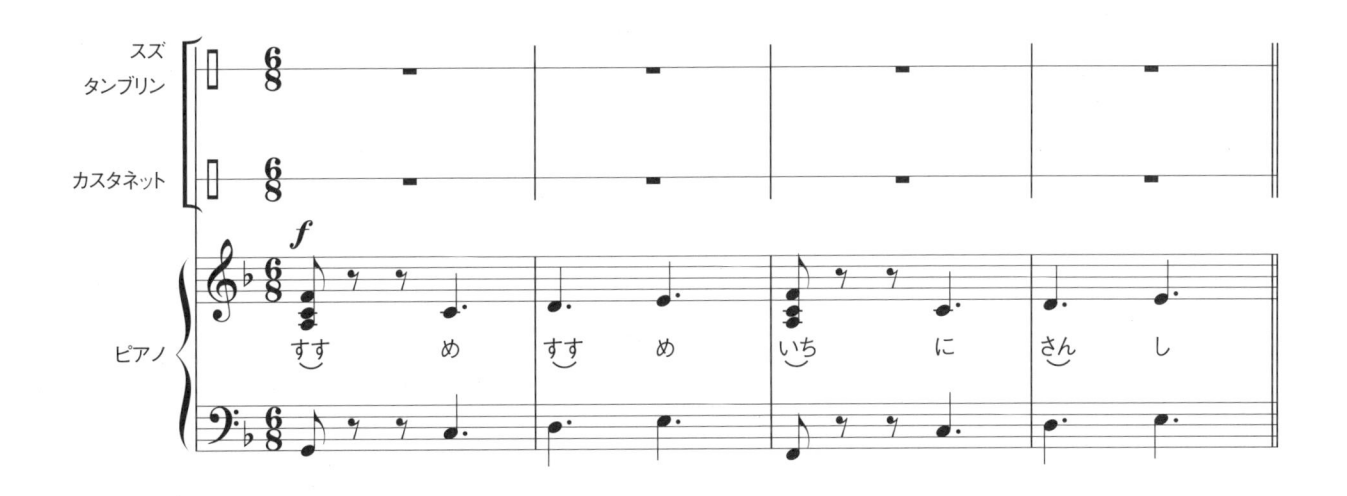

ミッキーマウス・マーチ

ミッキーマウス・マーチ

3歳児

ひよこのダンス

●日本語詞／平井多美子　●フランス民謡　●編曲／佐藤千賀子

並び方の例

- ●参加人数の目安…24人
  - スズ…………8人
  - カスタネット……8人
  - タンブリン………8人
- ●人数調整のしかた
  - 24人より多いとき…スズを増やす
  - 24人より少ないとき
    　……カスタネットを減らす

参加する子ども24人の場合

タンブリン　　　　　　　　台の上

スズ　　　　　　　　カスタネット

ピアノ　　　　指揮者

客　席

楽器の使い方・導入のあそび

トライアングルの使い方

ふつうの打ち方

トリル

- ○ひもは細いじょうぶなものに。輪を作り、その中に左手の親指とひとさし指を入れてぶら下げます（専用のものがあるときは、それを使って下さい）。
- ○三角形の底辺を内側から軽く打つのが基本ですが、斜辺の部分を外側から打ってもよいです。

その他の注意点など

- ●3拍子のかわいい曲です。
- ●最後の ♩♩♩｜♩♩♩‖ は、みんながそろって休めるよう、何回も練習しましょう。
- ●スズやタンブリンは左手に持っています。トリル（主要音とその2度上の音を、すばやく交互に演奏するものですが、ここではこれらの楽器を細かく振る奏法をさす）がしにくいと思いますが、打つところもあるのでそのまま左手でしてください（トリルしかないときは、はじめから右手に持たせてもよいです）。
- ○打つとき、角度が直角になるように留意します。また、左手は動かさないようにします。トリル（ここでは小刻みにたたく奏法）のときは、三角形の二辺の内側のすみを軽くすばやく往復させます。
- ○音を止めるときは、左手の残りの指で、楽器の上部を軽く握るようにします。

ひよこのダンス

ひよこのダンス

4歳児
ちいさなせかい (IT'S A SMALL WORLD)

並び方の例

● 参加人数の目安…33人

- スズ……………8人
- カスタネット……7人
- タンブリン………7人
- トライアングル…4人
- ウッドブロック…4人
- 小ダイコ…………2人
- 大ダイコ…………1人

● 人数調整のしかた

33人より多いとき…スズを増やす
33人より少ないとき
　　……カスタネットを減らす

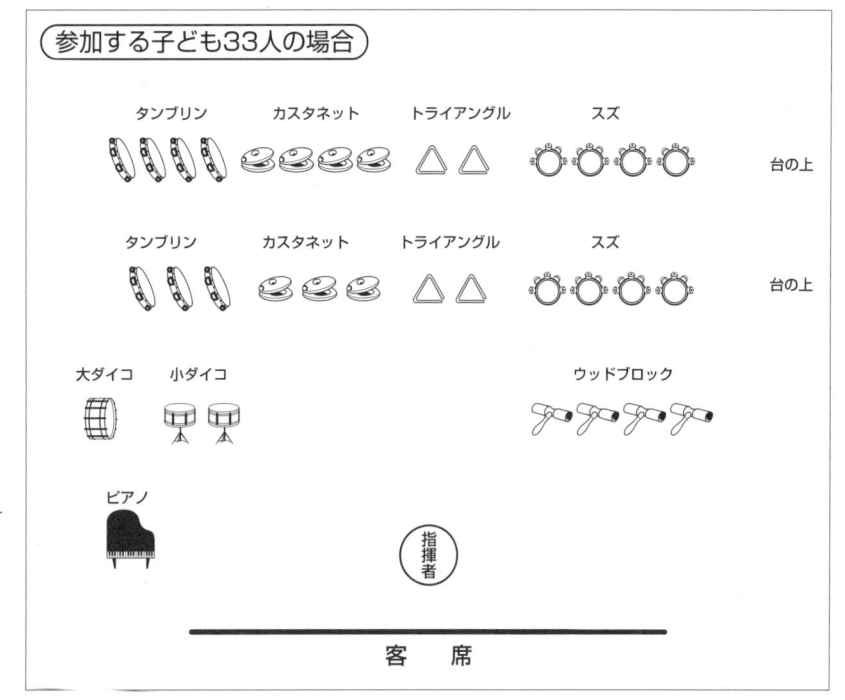

参加する子ども33人の場合

タンブリン　カスタネット　トライアングル　スズ　　　　　　台の上

タンブリン　カスタネット　トライアングル　スズ　　　　　　台の上

大ダイコ　小ダイコ　　　　　　　　　　　ウッドブロック

ピアノ
　　　　　　　　指揮者

客　席

楽器の使い方・導入のあそび

タンブリンで遊ぼう

みんなでタンブリンを持ちます。
「先生のまねっこで鳴らしてね」と言いながら…
- ふつうの打ち方
- トリル
- おしりで
- あたまで
- かたで
- ひじで
- あごで
- ひざで
- はなで？
- 足にはさんでピョン
- 床に置いてトントン
- 床に置いて、ばちでトントン（タイコへの導入になります）

ちいさなせかい (IT'S A SMALL WORLD)

●Words and Music by Richard M.Sherman And Robert B.Sherman

©1963 by WONDERLAND MUSIC COMPANY, INC.
Copyright Renewed.
All Rights Reserved. International Copyright Secured.
Rights for Japan controlled by YAMAHA MUSIC FOUNDATION

ちいさなせかい

4歳児

びっくりシンフォニー

●作曲／ハイドン　●編曲／佐藤千賀子

並び方の例

- **●参加人数の目安…31人**
  - スズ………………16人
  - タンブリン………8人
  - トライアングル…5人
  - シンバル…………1人
  - 大ダイコ…………1人

- **●人数調整のしかた**
  - 31人より多いとき…スズを増やす
  - 31人より少ないとき
    ……カスタネットを減らす

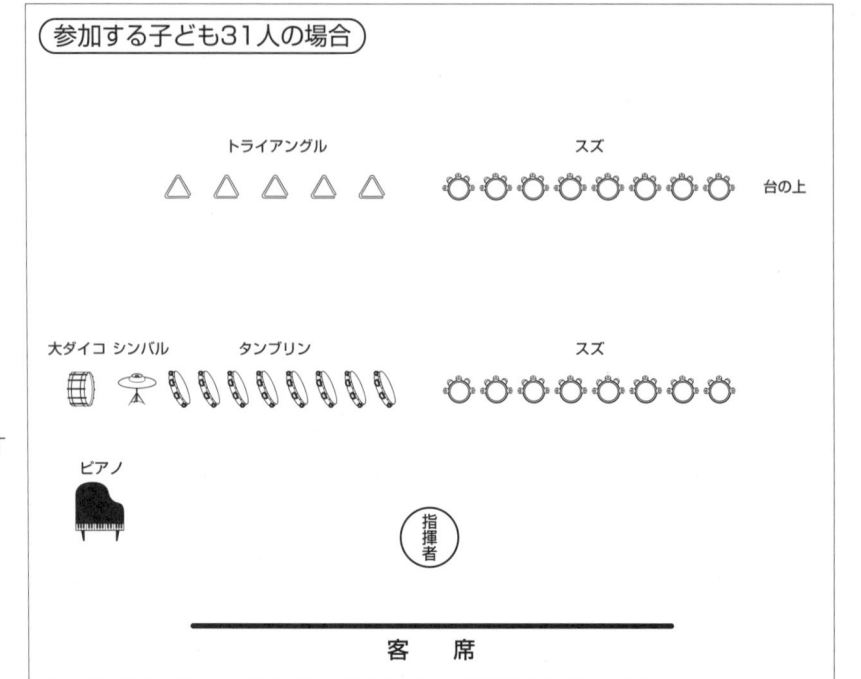

参加する子ども31人の場合

トライアングル　　　　スズ　　　　　　　　　台の上

大ダイコ　シンバル　タンブリン　　　　スズ

ピアノ

指揮者

客　　席

楽器の使い方・導入のあそび

大ダイコの使い方

- まん中より枠に近い方を斜め上からすりおろし、すり上げして打つのが正しい打ち方です。
- 幼児にはむずかしいので、ばちの中ほどを持って、やや斜め上から軽く打たせる程度でもよいでしょう。または鼓面に対しほぼ直角に打ってもよいでしょう。

その他の注意点など

- ●題名の通りびっくりするように弱くからはじまり、ff になるところ、びっくり箱から飛び出すようすなどを表現して遊んでください。
- ●強弱がつけられるように仕上げるとよいです。
- ●シンバルが入っていますが、入れなくてもかまいません。できればシンバルは2枚ではなく、スタンドシンバルで、ばちで打つ方法がよいです。または、P.87のように。
- ●小ダイコ、カスタネットを加えてもよいでしょう。
  例えば、Aの後半4小節、Bの ♩ ｜♩♩♩♪‖ の ♩♩♩♪‖ に小ダイコを入れられます。
  カスタネットも同様に考えられます。
- ●びっくりシンフォニー → おおきなたいこ（作詞／小林純
  　合奏　　　　　　　　　　　　　　　歌
  一・作曲／中田喜直）→ びっくりシンフォニーにして演奏
  　　　　　　　　　　　　　　　　　　合奏
  できます。

びっくりシンフォニー

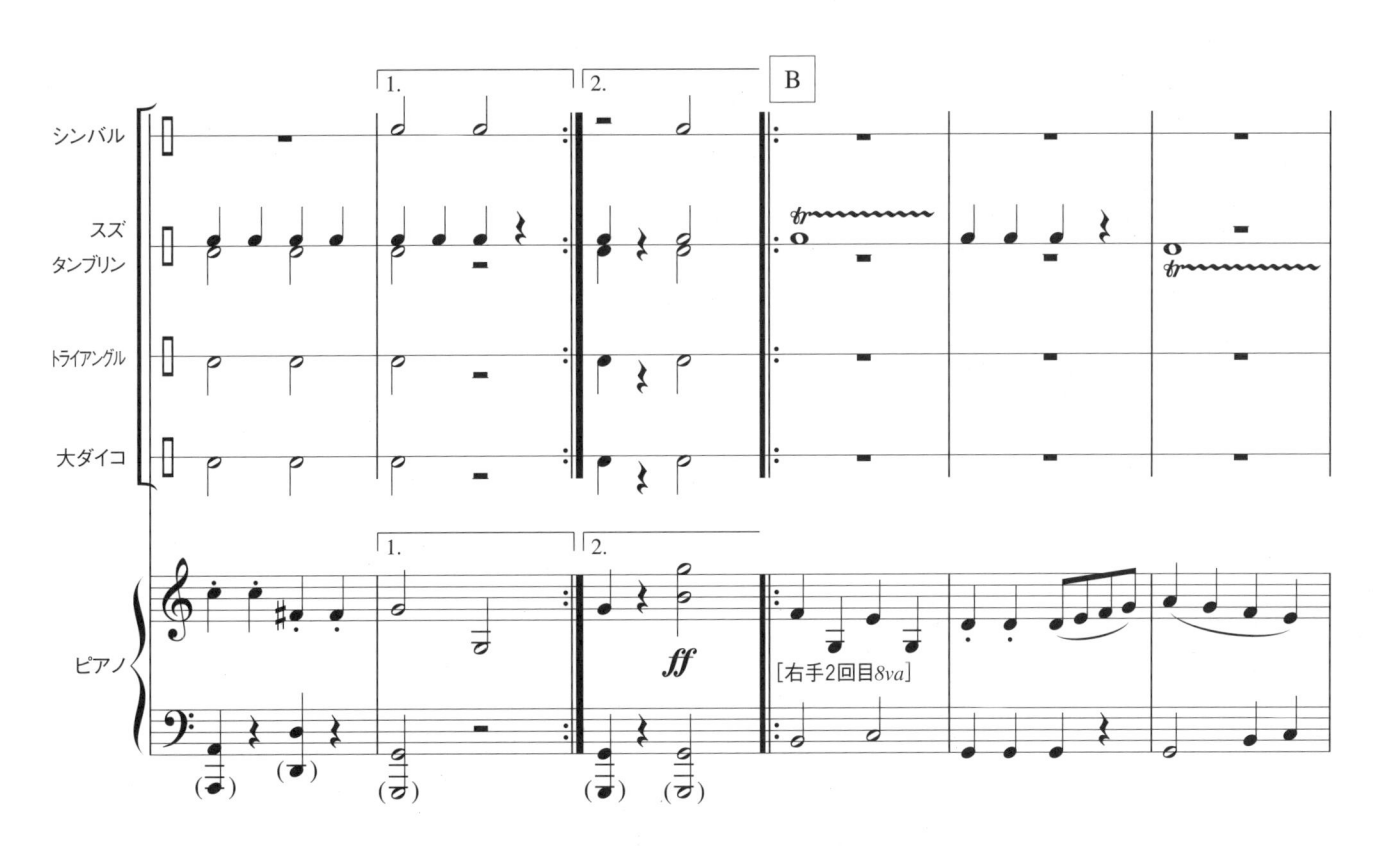

びっくりシンフォニー

4歳児
きのいいあひる

●日本語詞／髙木義夫　●ボヘミア民謡　●編曲／佐藤千賀子

並び方の例

●参加人数の目安…26人
スズ……………7人
カスタネット……7人
タンブリン………6人
トライアングル…3人
小ダイコ…………2人
大ダイコ…………1人

●人数調整のしかた
26人より多いとき…スズを増やす
26人より少ないとき
　　　……カスタネットを減らす

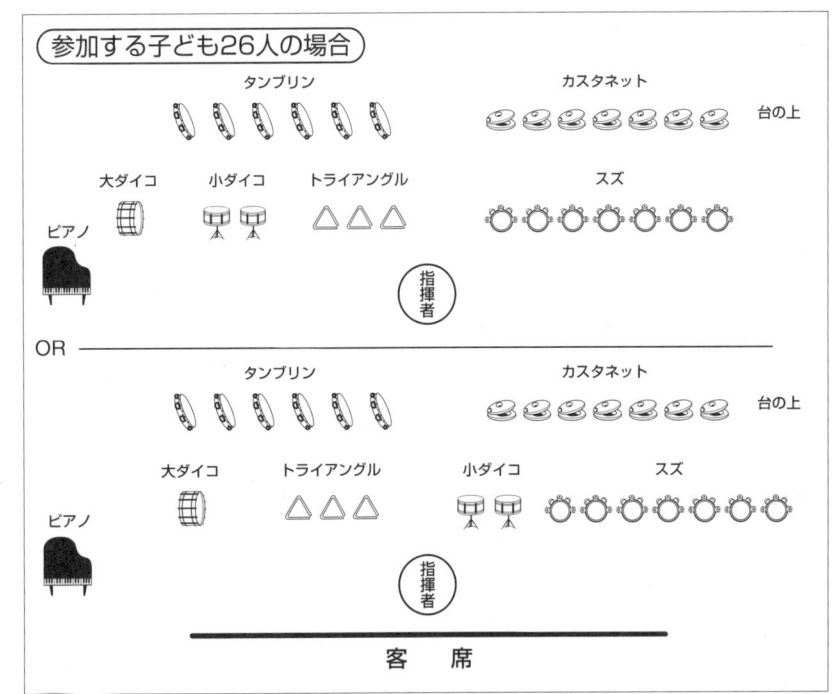

【参加する子ども26人の場合】

（上段）タンブリン／カスタネット（台の上）
大ダイコ　小ダイコ　トライアングル　スズ
ピアノ
指揮者

OR

（下段）タンブリン／カスタネット（台の上）
大ダイコ　トライアングル　小ダイコ　スズ
ピアノ
指揮者

客　席

楽器の使い方・導入のあそび

【小ダイコの使い方】

ばちの持ち方・構え方

○まず鼓面を水平にセットしてから、それをやや右に傾けます。
○幼児のばちの持ち方は、木琴のばちのように上から軽く持ちます。
○打ち方は、左右交互で。交互打ちがむずかしいときは1本で打ってもよいでしょう。2本同時はいけません。

その他の注意点など

●3拍子です。3拍子の曲をいっぱいうたって、感じをつかみましょう。

横ゆれ、トンパチパチ（二人組）と3拍子の感じ方の違いもわかるように。

●♩♩♩‖のリズムの把握をしましょう。
●トライアングルの（　）は入れなくてもよいです。
● C は今までと感じが違うのでメロディをよく聞かせてください。
● A にトライアングルを1拍入れても効果的です。

きのいいあひる

きのいいあひる

4歳児

チム・チム・チェリー (CHIM CHIM CHER-EE)

並び方の例

- ●参加人数の目安…30人
  - スズ……………13人
  - タンブリン………11人
  - トライアングル…5人
  - 大ダイコ…………1人
- ●人数調整のしかた
  - 30人より多いとき…スズを増やす
  - 30人より少ないとき
    ……タンブリンを減らす

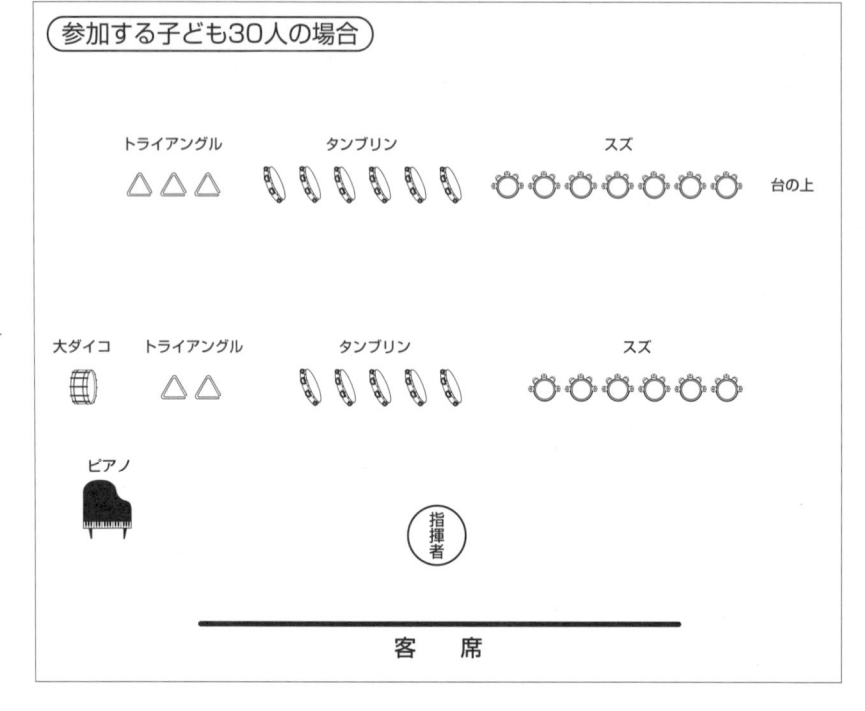

参加する子ども30人の場合

```
        トライアングル    タンブリン         スズ
         △ △ △     🎵 🎵 🎵 🎵   ⭕ ⭕ ⭕ ⭕ ⭕ ⭕   台の上

   大ダイコ トライアングル   タンブリン          スズ
    🥁     △ △      🎵 🎵 🎵 🎵     ⭕ ⭕ ⭕ ⭕ ⭕

        ピアノ
        🎹            (指揮者)

              客　　席
```

楽器の使い方・導入のあそび

トライアングルで遊ぼう

○『ぶんぶんぶん』
（日本語詞／村野四郎・ボヘミア民謡）
で遊びます。

"ぶんぶんぶん　はちがとぶ"は、
♩♩♩ ♩♩♩ と打ち、

"おいけの〜さいたよ"は、
トリルです（ここでは小刻みに打つ奏法）。
※46ページも参照してください。

速さを変えたりしながら、やってみましょう。

その他の注意点など

- ●バッテリーのリズム（233ページ〜参照）♩♪♪を足手手、2人組トンパチパチなどでいろいろ体験させましょう。
- ●♩♪♪ と ♩. のリズムが4小節ごとに交互に出てきますので、まぜこぜにならないようにしてください。
- ●4種類の楽器しか使っていません。
  カスタネット・小ダイコも入れられますので、必要があれば考えて入れてみてください。
- ●前奏の1小節目と3小節目の1拍にトライアングルを入れてもきれいです。

チム・チム・チェリー (CHIM CHIM CHER-EE)

- Words and Music by Richard M.Sherman And Robert B.Sherman
- 日本語詞／あらかわひろし

©1963 by WONDERLAND MUSIC COMPANY, INC.
Copyright Renewed.
All Rights Reserved. International Copyright Secured.
Rights for Japan controlled by YAMAHA MUSIC FOUNDATION

チム・チム・チェリー

チム・チム・チェリー

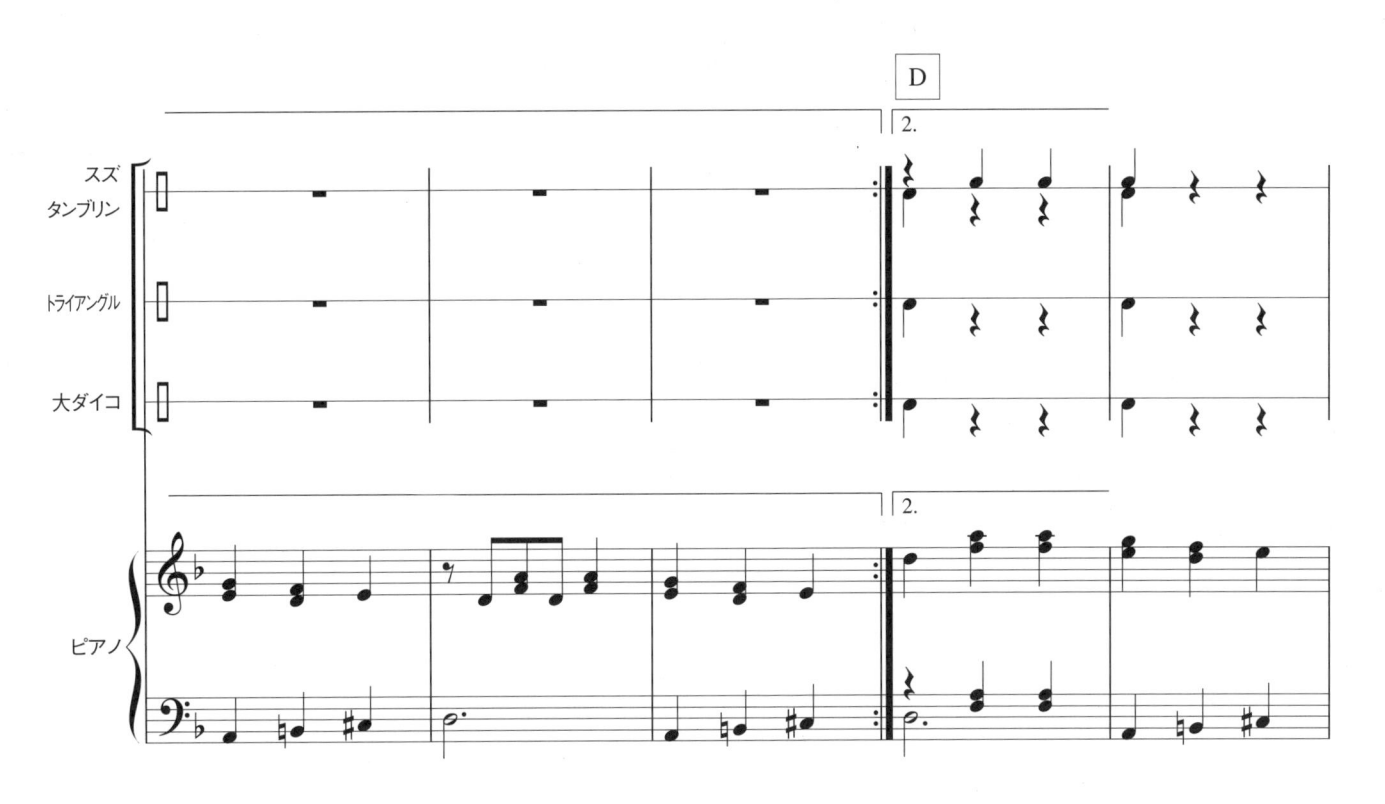

4歳児

まつりのたいこ（途中・村まつり＝文部省唱歌）

●作詞／高橋信夫　●ドイツ民謡　●編曲／佐藤千賀子

並び方の例

●参加人数の目安…29人
- スズ………………9人
- カスタネット………8人
- タンブリン…………7人
- トライアングル……4人
- 大ダイコ(和太鼓)…1人
  ※和太鼓は、ここでは宮(長胴)太鼓です。

●人数調整のしかた
- 29人より多いとき…スズを増やす
- 29人より少ないとき……カスタネットを減らす

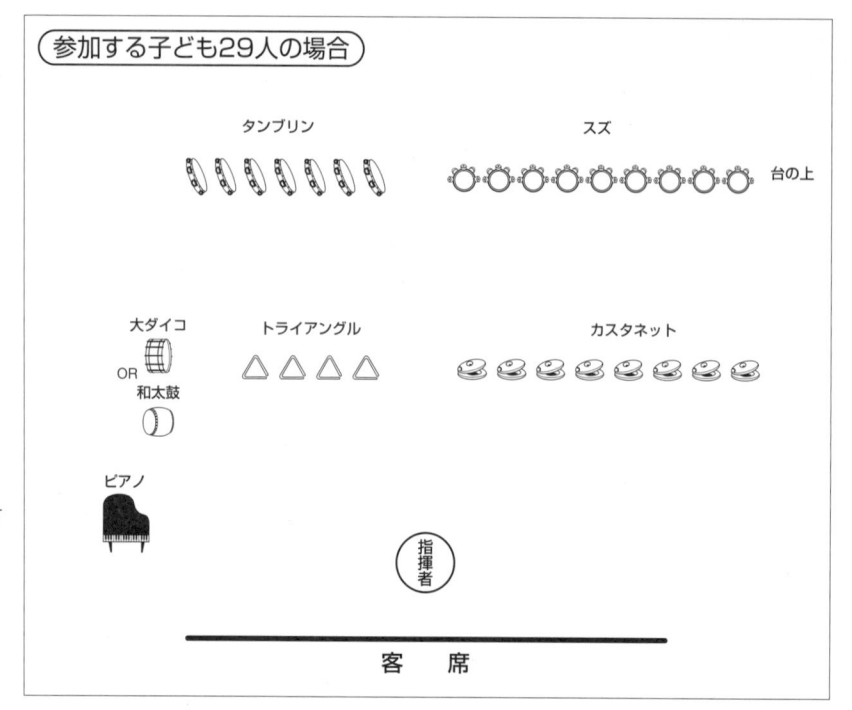

参加する子ども29人の場合

タンブリン　スズ
　　　　　　　　　台の上

大ダイコ　トライアングル　カスタネット
OR
和太鼓

ピアノ

指揮者

客　席

楽器の使い方・導入のあそび

和太鼓について

○基本的な打ち方

宮(長胴)太鼓　平(平胴)太鼓　締太鼓

○下半身をどっしり構え、背筋を伸ばし力が入りすぎないようにします。
○ばちは鼓面の中央を打つようにします。
（宮(長胴)太鼓が、短く、平たくなった形のものが平(平胴)太鼓です）

その他の注意点など

● ♩♩♩♩‖ のリズムを言葉で言ってみましょう。また、
　ドンドコドン
言葉通り、手拍子や楽器でたたいてみましょう。

● ♫♫♩♪‖ のリズムです。
　♫ のリズムがむずかしいですが、歌から入っていくとスムーズにいきます。
　はじめは、Ⓑのまつりのたいこの部分 ♫♫♩♪‖ のリズムだけでやってみましょう。

● Ⓐ は楽器が1つずつ増えていきます。

●和太鼓で ♫♫♩♪‖ を入れてみましょう。
カスタネットの ♫♫♩♪‖ の（ ）を休んで、大ダイコと組んでリズム打ちにしてもよいです。

● Ⓒ ♩ ♩ ♩♩♩♪‖♩ ♩ ♩♩♩♪‖ の ♩♩♩♪‖ の部分におまつりの鐘を入れてもよいです。

●和太鼓については、214ページ～も見てください。

まつりのたいこ

まつりのたいこ

まつりのたいこ

演奏順 A B C B D

4歳児

ガボット

●作曲／ゴセック　●編曲／佐藤千賀子

並び方の例

● 参加人数の目安…30人

スズ……………8人
カスタネット……8人
タンブリン………7人
トライアングル…4人
小ダイコ…………2人
大ダイコ…………1人

● 人数調整のしかた

30人より多いとき…スズを増やす
30人より少ないとき
　　　……カスタネットを減らす

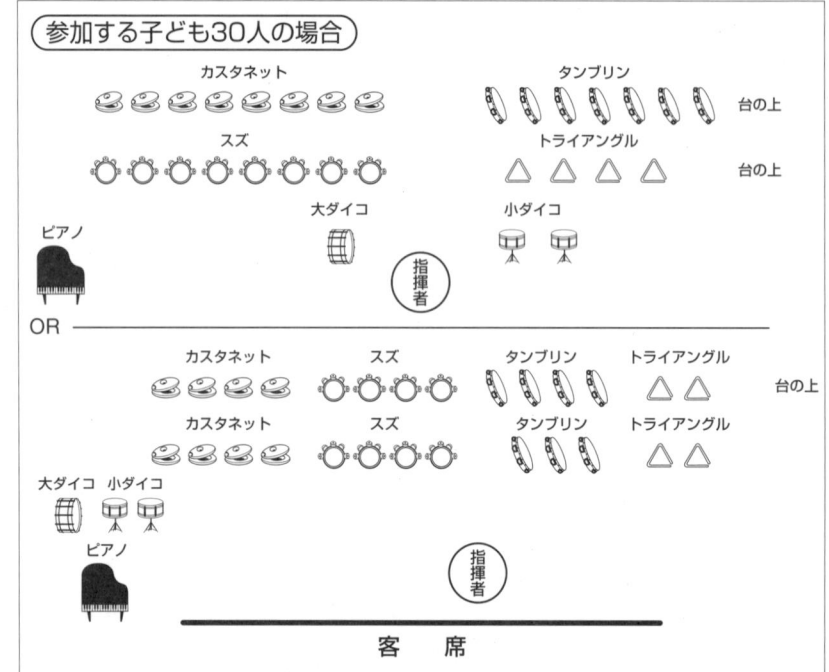

参加する子ども30人の場合

楽器の使い方・導入のあそび

大ダイコ・小ダイコで遊ぼう

○『おおきなたいこ』（作詞／小林純一・作曲／中田喜直）で遊びます。
　"ドーン　ドーン"は大ダイコ
　"トントントン"は小ダイコ
　を打ってみましょう。
　大ダイコ→タンブリン、小ダイコ→カスタネットでもやってみましょう。

その他の注意点など

● 最初は ♩ー｜♩♩♩♩‖ のみ、曲に合わせてやってみましょう。
● ♩♩♩♩‖ のリズムに合わせられたら ♩♩♩♩｜♩♩♩♩‖（手拍子・足ぶみ）を1人でします。
　♩♩♩♩｜ と ♩♩♩♩‖ を分け2人でし、なれてきたら、2つの楽器に分けてしましょう。
● 7小節目のカスタネットは ♩♫♩♫‖ のリズムになっていますが、そろわないようでしたら ♩♩♩♩‖ でよいです。
● 3歳児は導入の ♩♩♩♩‖ のみで体験してみます。
　5歳児は鍵盤ハーモニカなどの有音程楽器を加えればできます。
● ピアノの（　）は弾いても弾かなくてもよいです。
● D.C.の後は繰り返せず、1回で行なってください。

ガボット

ガボット

ガボット

4歳児

白くまのジェンカ (POLAR BEAR LETKISS)

© Copyright 1965 by SWEDEN MUSIC AB, Sweden
Rights for Japan assigned to SEVEN SEAS MUSIC CO.,LTD.

●日本語詞／平井多美子　●作曲／Ken Wall　●編曲／佐藤千賀子

並び方の例

● 参加人数の目安…30人

　スズ……………7人
　カスタネット……7人
　タンブリン………6人
　トライアングル…3人
　ウッドブロック…4人
　小ダイコ…………2人
　大ダイコ…………1人

● 人数調整のしかた

　30人より多いとき…スズを増やす
　30人より少ないとき
　　　……カスタネットを減らす

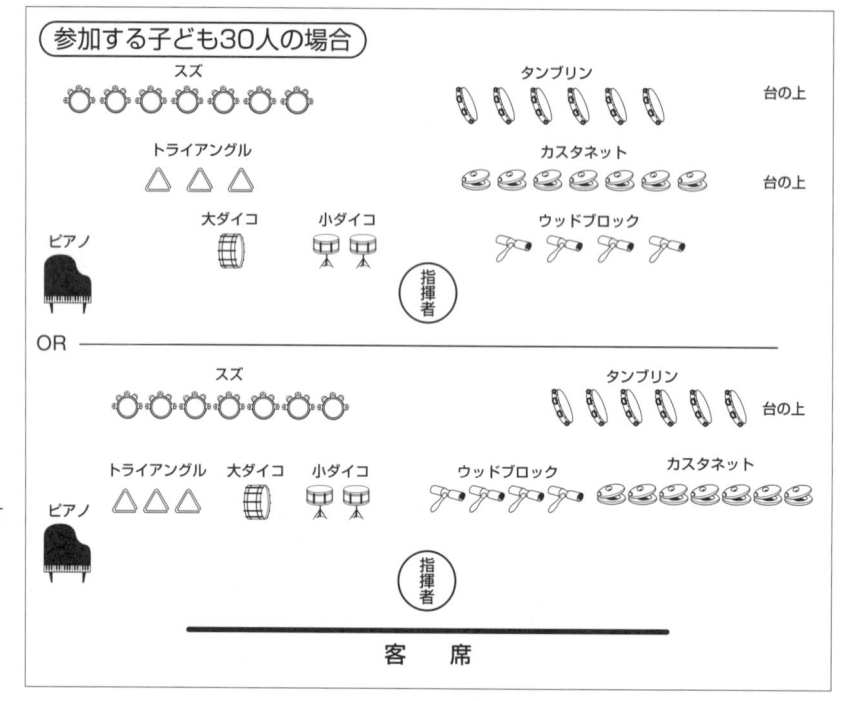

参加する子ども30人の場合

（配置図：スズ、タンブリン、台の上、トライアングル、カスタネット、ピアノ、大ダイコ、小ダイコ、ウッドブロック、指揮者）

OR

（配置図：スズ、タンブリン、台の上、トライアングル、大ダイコ、小ダイコ、ウッドブロック、カスタネット、ピアノ、指揮者、客席）

楽器の使い方・導入のあそび

ウッドブロックの使い方

○ 絵のような、左手で持って、右手で打つものが一般的でしょう。左手は動かさないように。

その他の注意点など

● 歌をうたいながらジェンカを踊ってみましょう。
　ジャボーンは元気よく踊りましょう。
● ♩♪♩♪｜♩♩♩♪‖ のリズムがむずかしいときは
　♩♩♩♩｜♩♩♩♪‖ のリズムから入っていってください。
● Ａ は1つずつの楽器のソロになります。
● 3歳児の場合は 4/4 − ｜♩♩♩♪‖ の3拍のリズムに楽器を入れるとよいでしょう。

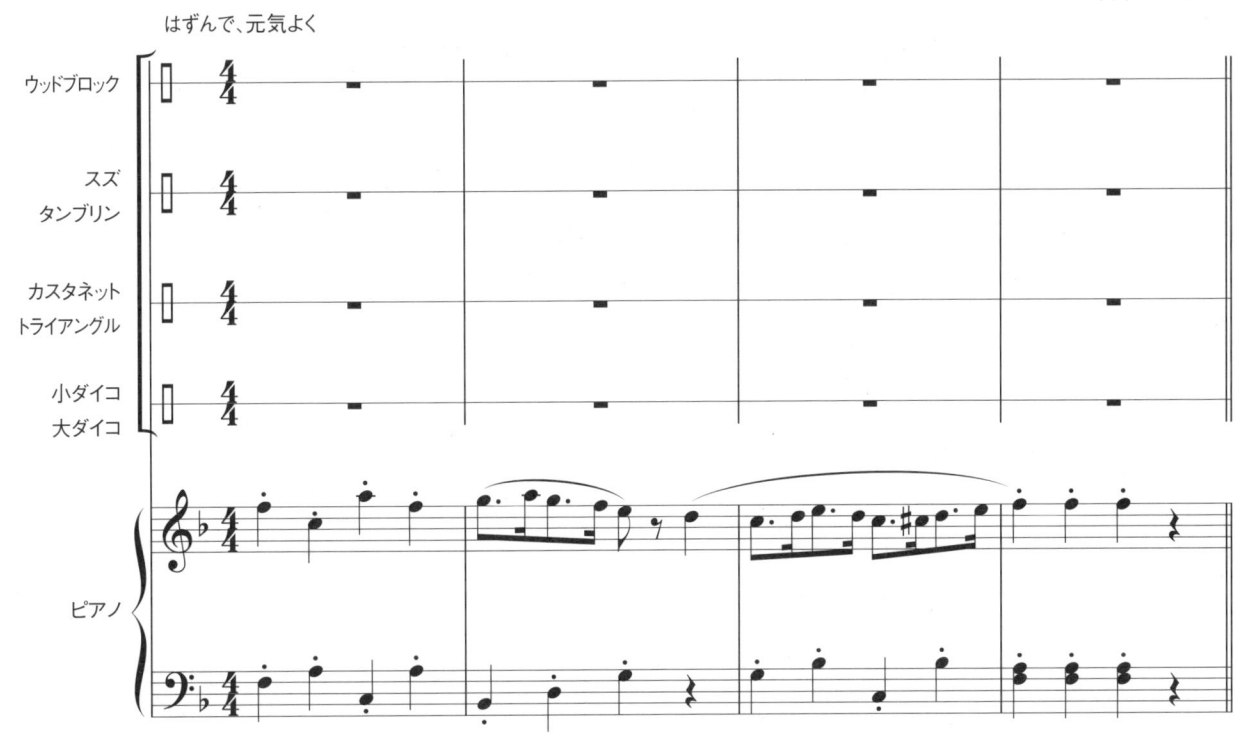

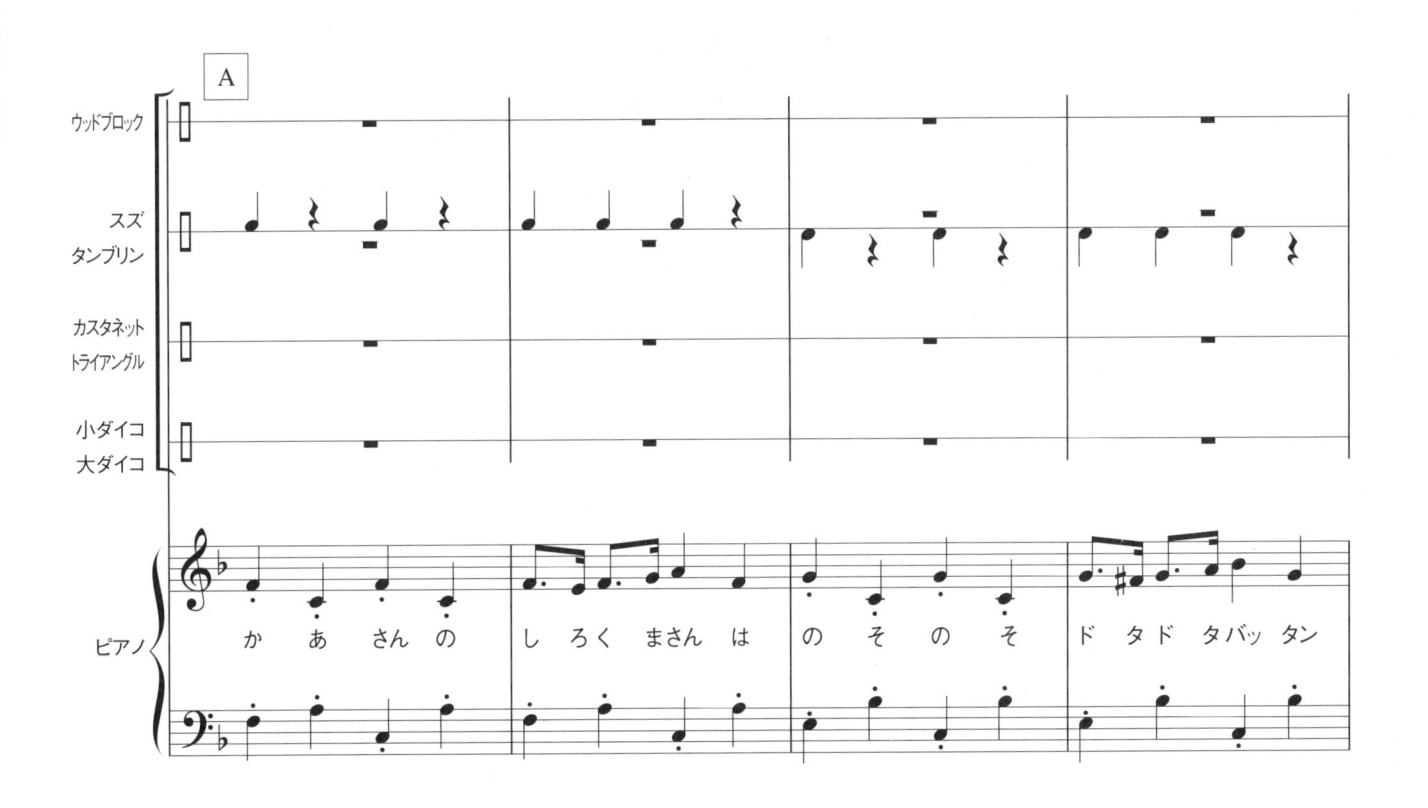

白くまのジェンカ

はずんで、元気よく

白くまのジェンカ

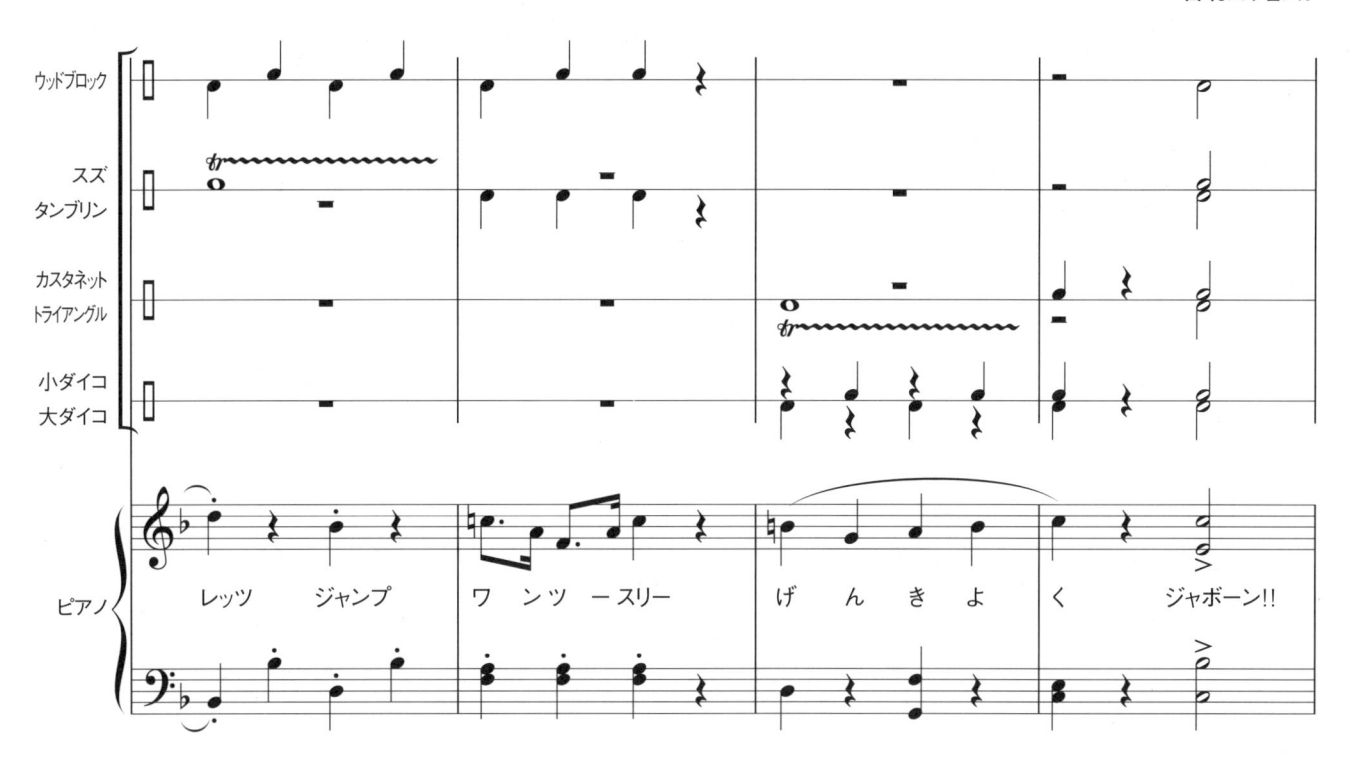

白くまのジェンカ

歌詞:
レッツ ジャンプ ワン ツー スリー げんきよく ジャボーン!!

C
かあさんの しろくまさんは ジャブジャブ スイスイおよぐ

白くまのジェンカ

4歳児

スーパーカリフラジリスティックエクスピアリドーシャス
(SUPERCALIFRAGILISTICEXPIALIDOCIOUS)

並び方の例

●参加人数の目安…35人
- スズ……………9人
- カスタネット……7人
- タンブリン………8人
- トライアングル…4人
- ウッドブロック…4人
- 小ダイコ…………2人
- 大ダイコ…………1人

●人数調整のしかた
35人より多いとき…スズを増やす
35人より少ないとき
　　……カスタネットを減らす

参加する子ども35人の場合

タンブリン　　　　　スズ　　　　　　　台の上

トライアングル　大ダイコ　小ダイコ　ウッドブロック　カスタネット

ピアノ

指揮者

客　席

楽器の使い方・導入のあそび

ウッドブロックで遊ぼう

○『とけいのうた』
（作詞／筒井京平・作曲／村上太朗）で遊びます。

"コチ・コチ・カッ・チン"を
"左・右・左・右"
と打ってみます。
時計の音、
振り子の感じを
イメージして、打ってみましょう。

その他の注意点など

- おまじないのような長い題名を早口で言って遊び、興味を持つようにします。
- 4小節目が全部 ♩♩‖ になっていますので、みんなが大ダイコ、小ダイコにふれてみるようにしましょう。
- 4小節が1つのフレーズになっているので、そのかたまりができるようにしましょう。
- ABCBとなっていますが、ABCBBにして長く演奏することもできます。

スーパーカリフラジリスティックエクスピアリドーシャス
(SUPERCALIFRAGILISTICEXPIALIDOCIOUS)

● Words and Music by Richard M.Sherman And Robert B.Sherman
● 日本語詞／高沢　明

©1963 by WONDERLAND MUSIC COMPANY, INC.
Copyright Renewed.
All Rights Reserved. International Copyright Secured.
Rights for Japan controlled by YAMAHA MUSIC FOUNDATION

スーパーカリフラジリスティックエクスピアリドーシャス

すれないで どうぞ のぞみを かなえて くださる

ことば スーパーカリ フラジリスティック エクスピアリ どうぞ

Fine

スーパーカリフラジリスティックエクスピアリドーシャス

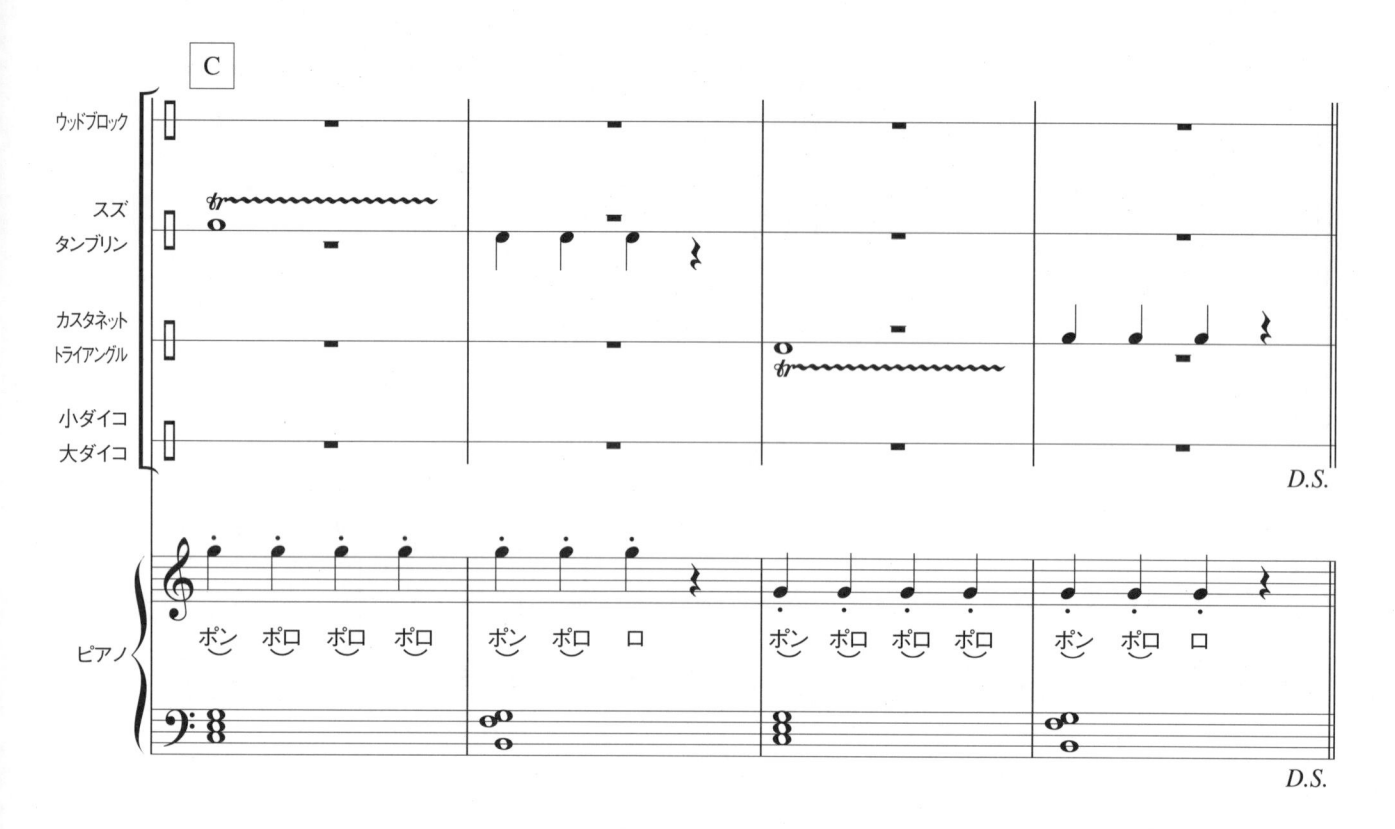

4歳児

ベートーベンのトルコ行進曲

●作曲／ベートーベン　●編曲／佐藤千賀子

並び方の例

●参加人数の目安…30人

　スズ…………………7人
　カスタネット………7人
　タンブリン…………6人
　トライアングル……3人
　ウッドブロック……4人
　小ダイコ……………2人
　大ダイコ……………1人

●人数調整のしかた

　30人より多いとき…スズを増やす
　30人より少ないとき
　　　……カスタネットを減らす

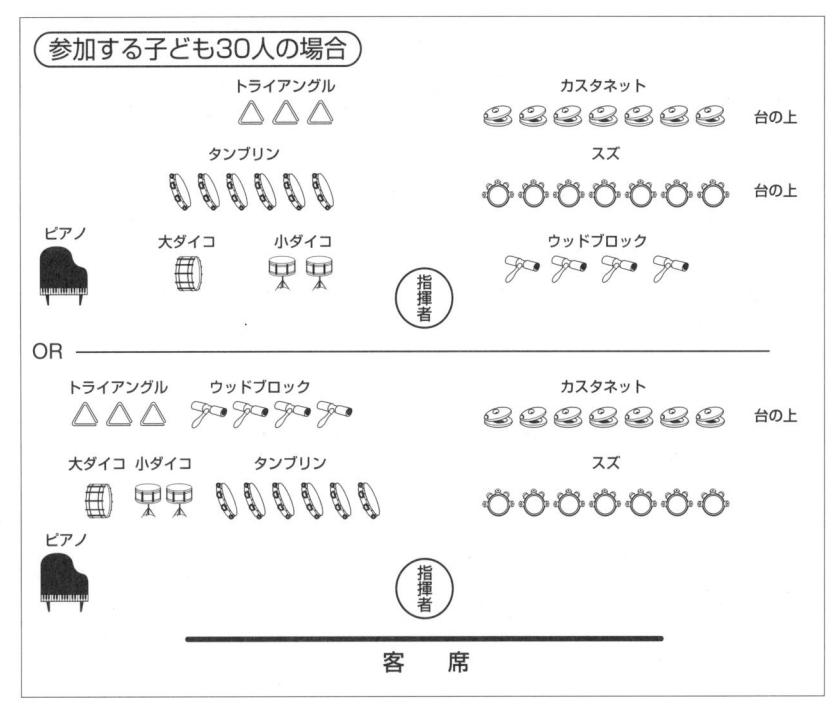

参加する子ども30人の場合

楽器の使い方・導入のあそび

ウッドブロックで遊ぼう

○『おうまはみんな』（日本語詞／中山知子・アメリカ民謡）で遊びましょう。本当に馬にまたがっているつもりでうたいながら、パカパカという馬の足音のふんいきを楽しんでみましょう。

おん・まは
（左）（右）♪
みん・な
（左）（右）

※落ちないように気をつけてください。

その他の注意点など

●AとCは同じです。

楽器の組み合わせが違うだけで、同じリズムパターンで出来ていますので、基本のリズムパターンを全員で足・手・同じ楽器でやってみて、できたら楽器別にすると仕上がりも早くできます。

●Bまでは、各楽器がメインになっています。

●年長でも、鉄琴・木琴・鍵盤ハーモニカ（有音程楽器）を加えれば演奏できます。

●リズムパターンも　　　　　　　　　　　　　に発展できます。

●伴奏の細かい装飾音は抜いて弾いてもよいです。

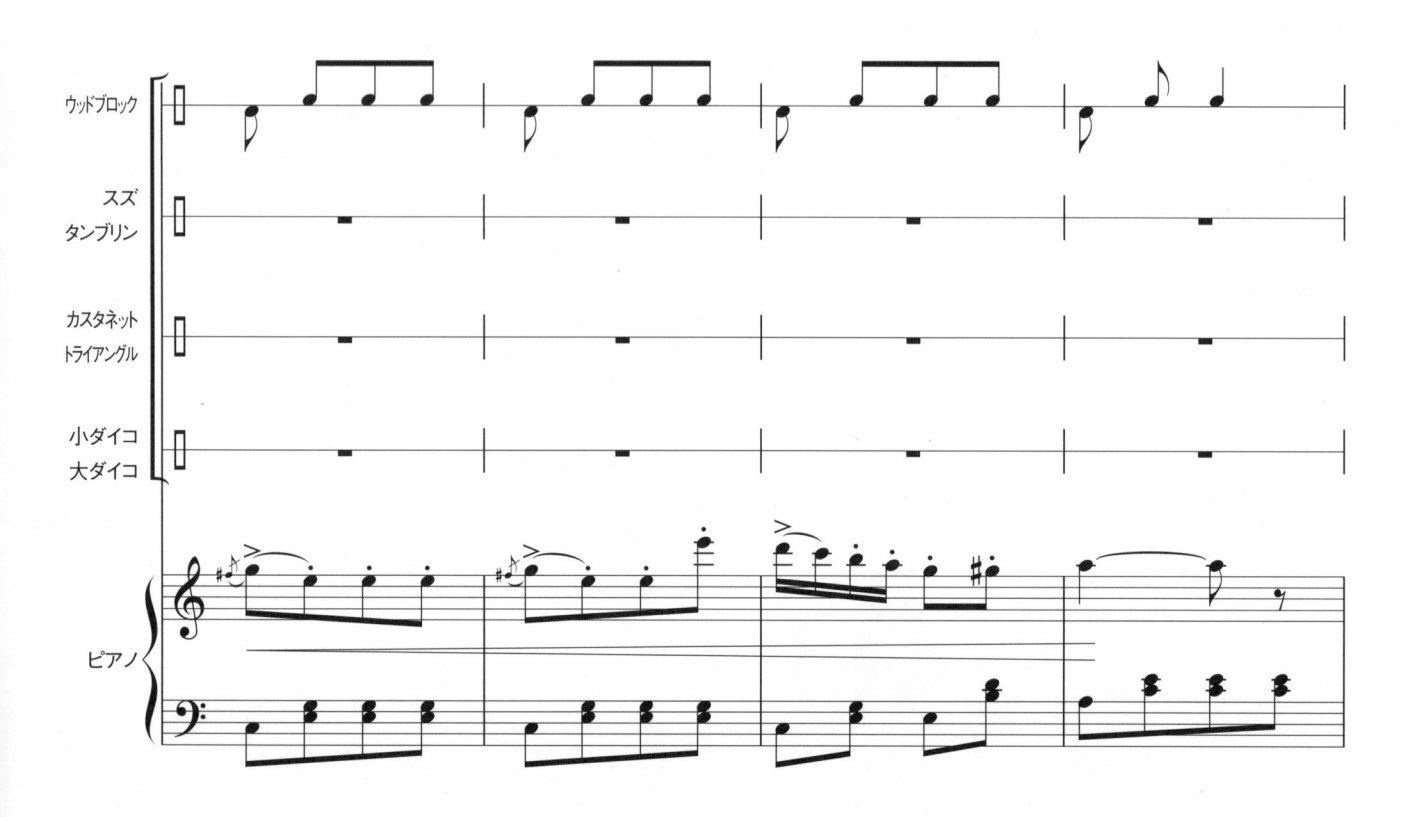

ベートーベンのトルコ行進曲

A Allegretto ♩= 112

ベートーベンのトルコ行進曲

ベートーベンのトルコ行進曲

ベートーベンのトルコ行進曲

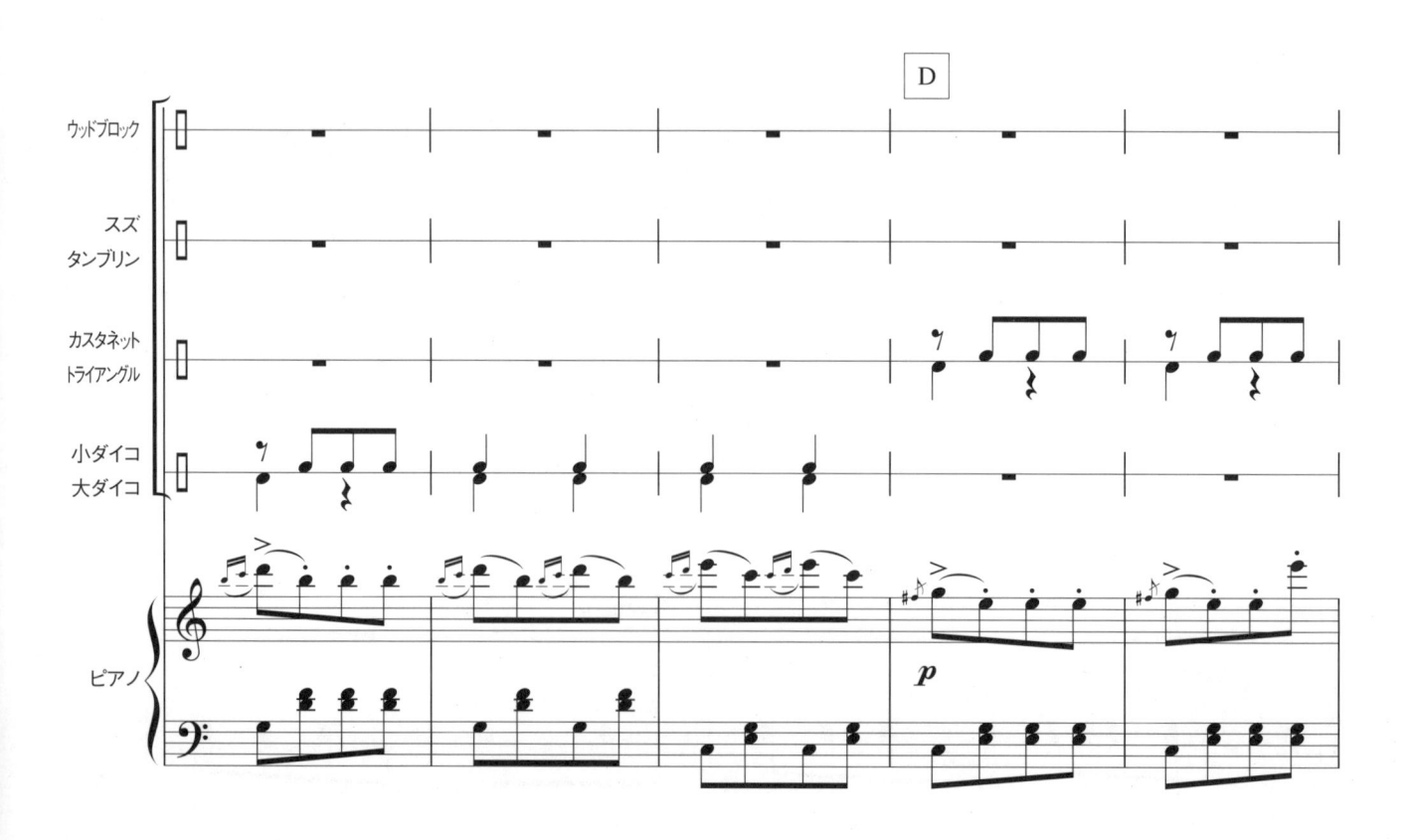

ベートーベンのトルコ行進曲

ベートーベンのトルコ行進曲

ベートーベンのトルコ行進曲

4歳児

木ぼりの兵隊

●作詞／成田 剛　●フランス民謡　●編曲／佐藤千賀子

並び方の例

●参加人数の目安…29人

　スズ……………7人
　カスタネット……7人
　タンブリン………5人
　トライアングル…3人
　ウッドブロック…3人
　シンバル…………1人
　小ダイコ…………2人
　大ダイコ…………1人

●人数調整のしかた

　29人より多いとき…スズを増やす
　29人より少ないとき
　　　……カスタネットを減らす

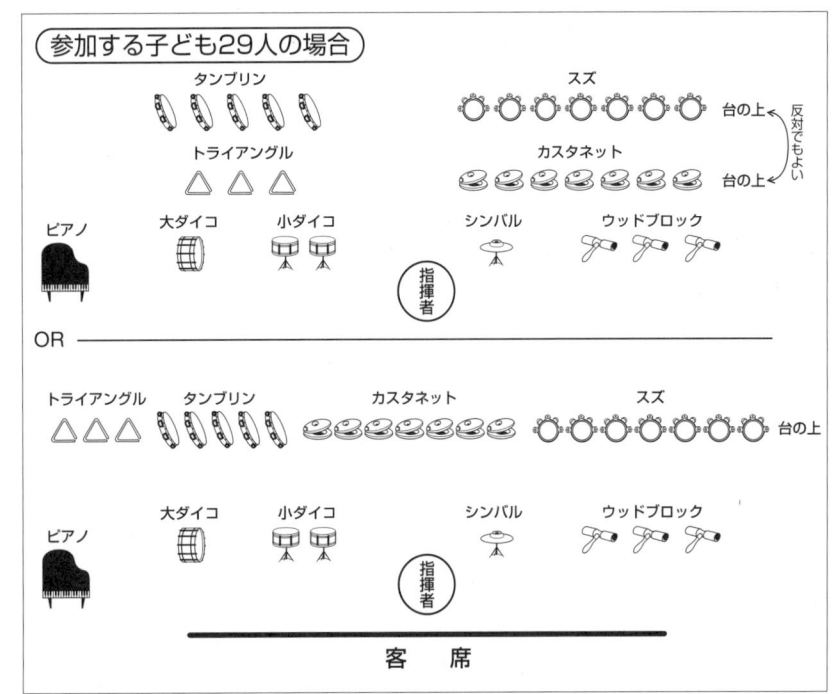

参加する子ども29人の場合

（配置図：タンブリン、スズ、トライアングル、カスタネット、ピアノ、大ダイコ、小ダイコ、シンバル、ウッドブロック、指揮者　※台の上、反対でもよい）

OR

（配置図：トライアングル、タンブリン、カスタネット、スズ、ピアノ、大ダイコ、小ダイコ、シンバル、ウッドブロック、指揮者　※台の上）

客　席

楽器の使い方・導入のあそび

シンバルの使い方

・幼児の場合、スタンドにセットして、小ダイコのばちで打つか、スタンドがない場合は、左手でつり皮を下げ、小ダイコのばちでふちを打つのがよいでしょう。そのとき、左手はなるべく動かさないようにします。

その他の注意点など

● 歌詞がついていますので、歌から入っていけます。
● タッタッタの言葉の部分を手拍子、楽器を使って打ってみましょう。（♩♩♩ ♪）
● バッテリーのリズム、（楽譜）
　　　　　　　　　　　　　足　手
のリズムを中心に体をつかってしてみましょう。
２つの楽器に分けてしてみましょう。
● ウッドブロックは（楽譜）のところを、（楽譜）にしてもよいでしょう。
● 木ぼりの兵隊の歌をうたい、次に合奏するという形もとれます。歌 → 合奏 → 歌としてもよいでしょう。歌を、関連した歌（例えば、おもちゃのマーチ）に変えてもできます。

木ぼりの兵隊

木ぼりの兵隊

げんきに あるく きぼりの へいたい トテチテ

タッ タッ タ

木ぽりの兵隊

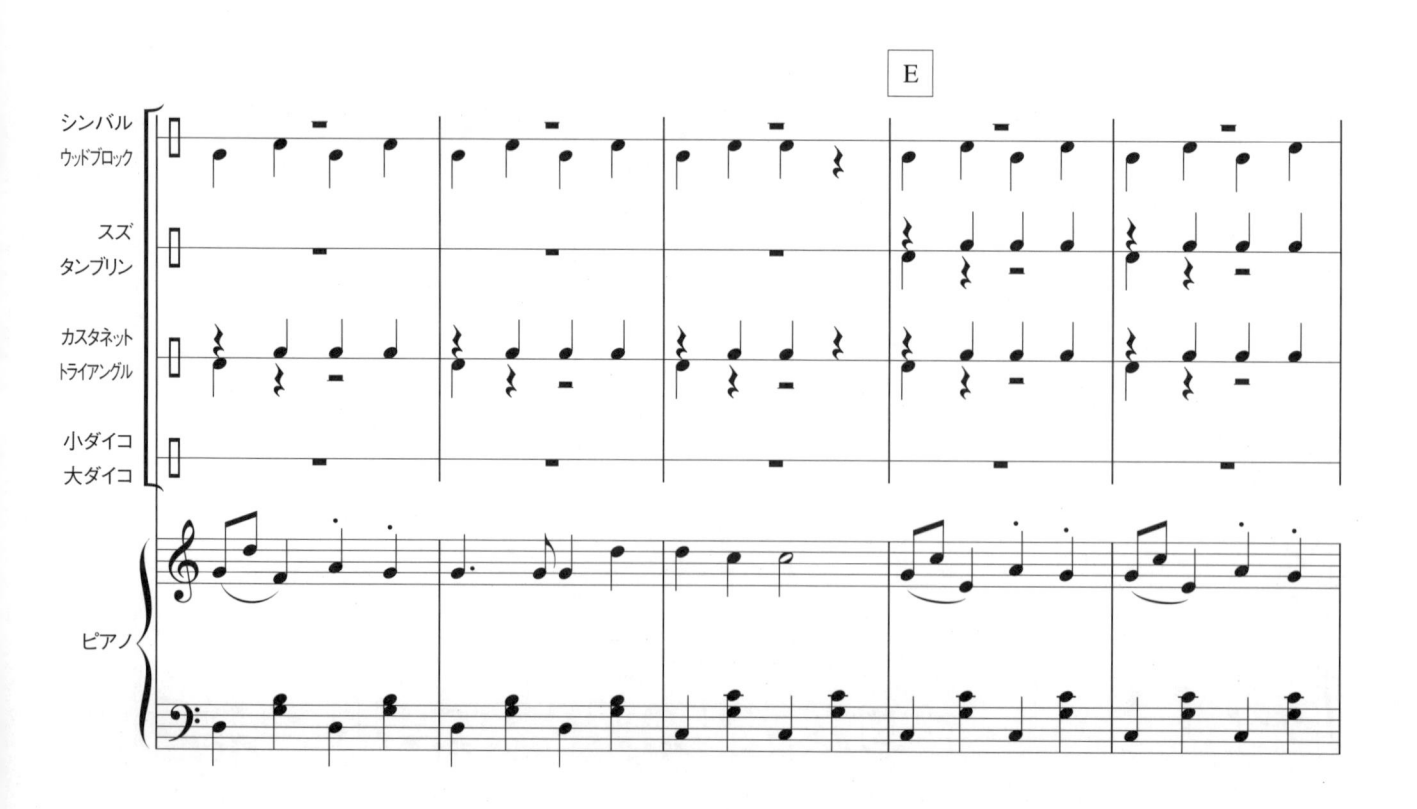

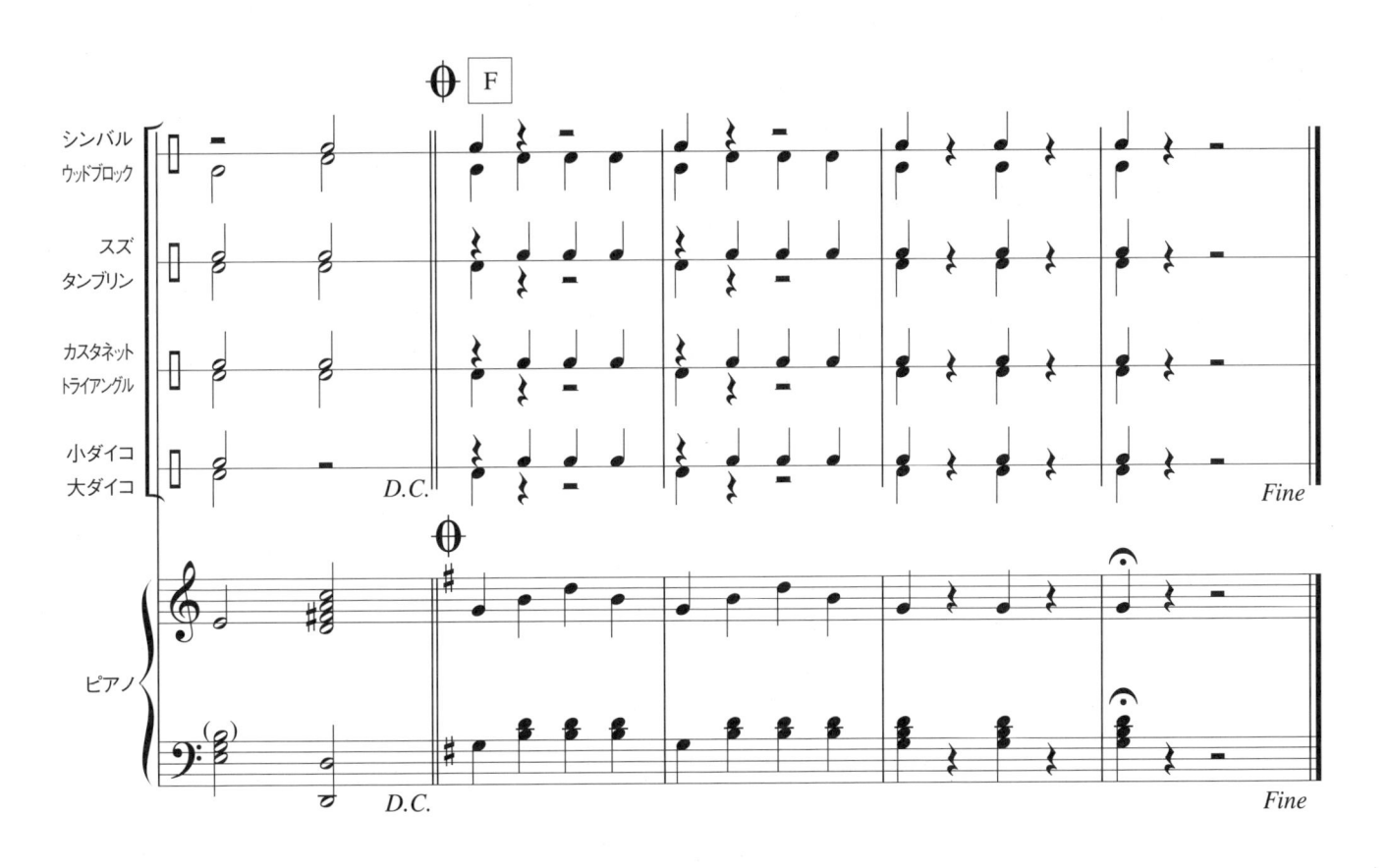

木ぼりの兵隊

5歳児

ちいさなせかい (IT'S A SMALL WORLD)

並び方の例

●参加人数の目安…33人

　スズ……………6人
　カスタネット……5人
　タンブリン………5人
　トライアングル…4人
　ウッドブロック…3人
　小ダイコ…………2人
　大ダイコ…………1人
　鉄琴………………2人
　木琴………………2人
　鍵盤ハーモニカ…3人

●人数調整のしかた

　33人より多いとき…スズを増やす
　33人より少ないとき
　　……カスタネットを減らす

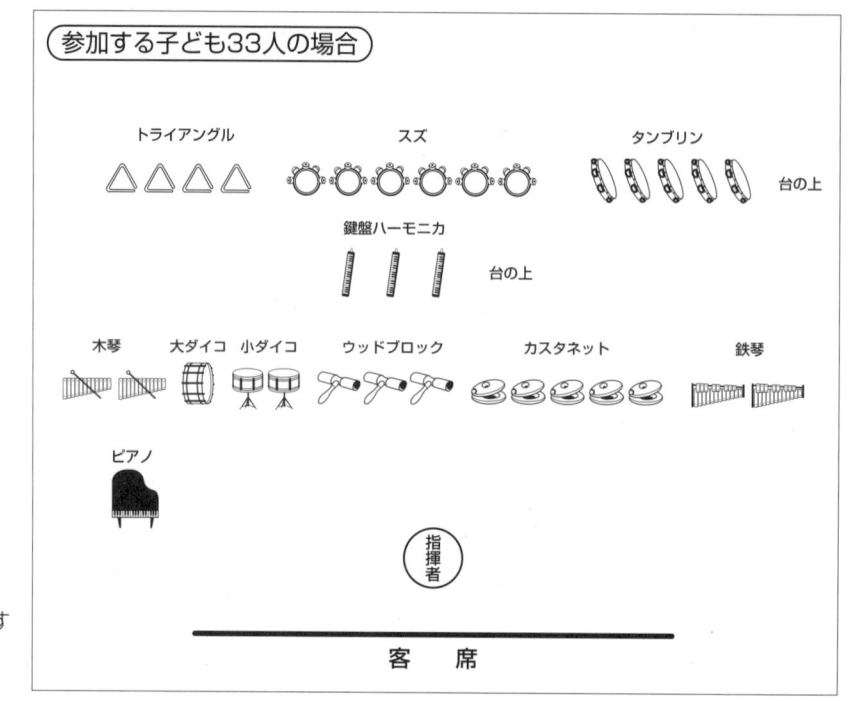

参加する子ども33人の場合

トライアングル　スズ　タンブリン　台の上
鍵盤ハーモニカ　台の上
木琴　大ダイコ　小ダイコ　ウッドブロック　カスタネット　鉄琴
ピアノ
指揮者
客　席

楽器の使い方・導入のあそび

リズムで遊ぼう （全員が経験できるようにしましょう）

○ 保育者が手拍子で打った通りに、子どもたちがいろんな打楽器で同型反復します。

　　　（保育者）　　　　（みんな）
① ♩ ♩ | ♩ ♪ ‖ → ♩ ♩ | ♩ ♪ ‖
② ♩ ♫ | ♩ ♪ ‖ → ♩ ♫ | ♩ ♪ ‖
③ ♫ ♩ | ♩ ♪ ‖ → ♫ ♩ | ♩ ♪ ‖
④ ♫ ♫ | ♩ ♪ ‖ → ♫ ♫ | ♩ ♪ ‖

その他の注意点など

● ♩♫ のリズムと ♪♫ のリズムがあります。
● 伴奏の（　）の部分は弾かなくてもよいです。
● 有音程楽器を入れなければ4歳児でも使えます（p49参照）。

ちいさなせかい (IT'S A SMALL WORLD)

● Words and Music by Richard M.Sherman And Robert B.Sherman
● 日本語詞／若谷和子

©1963 by WONDERLAND MUSIC COMPANY, INC.
Copyright Renewed.
All Rights Reserved. International Copyright Secured.
Rights for Japan controlled by YAMAHA MUSIC FOUNDATION

ちいさなせかい

5歳児

おもちゃのシンフォニー

●作曲／ハイドン　●編曲／佐藤千賀子

並び方の例

●参加人数の目安…30人

スズ……………5人
カスタネット……5人
タンブリン………5人
トライアングル…3人
小ダイコ…………2人
大ダイコ…………1人
鉄琴………………3人
木琴………………2人
鍵盤ハーモニカ…4人

●人数調整のしかた

30人より多いとき…スズを増やす
30人より少ないとき
　　……カスタネットを減らす

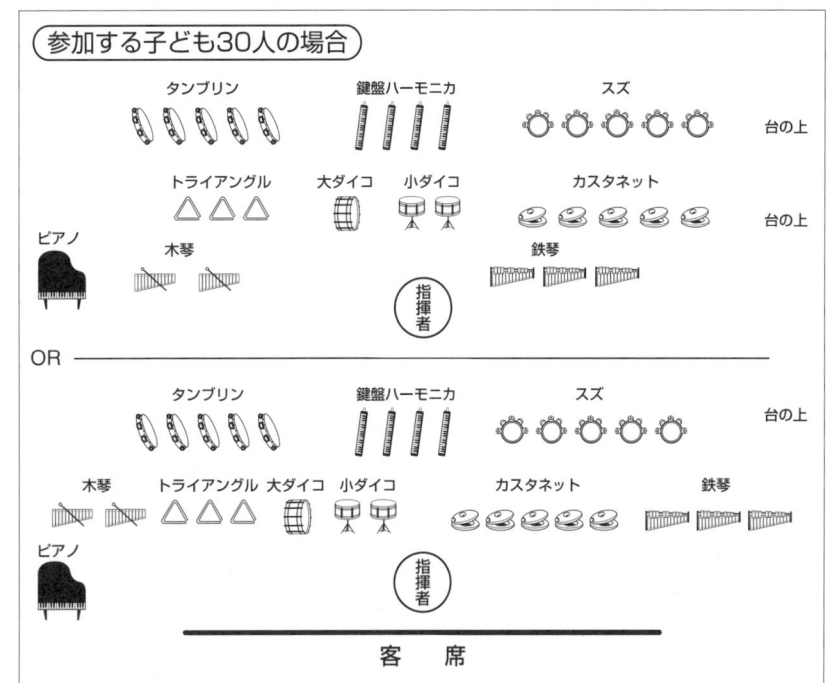

参加する子ども30人の場合

楽器の使い方・導入のあそび

木琴の使い方

打つ場所と角度

- 高さは腰の位置になるようにしましょう。(足台などで)
- ばちの柄のまん中あたりを親指とひとさし指で持ち、残りの指と手のひらで軽く支えます。
- ばちの角度は左右が直角になるように構え、交互打ちします（どちらの手からでもよいです）。交互打ちが難しいときは片手だけで打ってもよいでしょう。
- 押さえ込まず、はじいて（引いて）打つようにします。

その他の注意点など

- 鉄琴の入り方がむずかしいので、タイミングを体で感じられるようにして、入って下さい。
- 鉄琴のソミソミのところは、カッコウ笛などを重ねてもかわいくなります。
- のリズムパターンが走りやすいので、走らないよう注意してください。

おもちゃのシンフォニー

おもちゃのシンフォニー

おもちゃのシンフォニー

☆ 左手オクターブで弾けるところは弾いてもよいです。

5歳児

スケーターズワルツ

●作曲／ワルトトイフェル　●編曲／佐藤千賀子

並び方の例

●参加人数の目安…30人

　スズ……………6人
　カスタネット……5人
　タンブリン………5人
　トライアングル…3人
　小ダイコ…………2人
　大ダイコ…………1人
　鉄琴………………2人
　木琴………………2人
　鍵盤ハーモニカ…4人

●人数調整のしかた

　30人より多いとき…スズを増やす
　30人より少ないとき
　　　……カスタネットを減らす

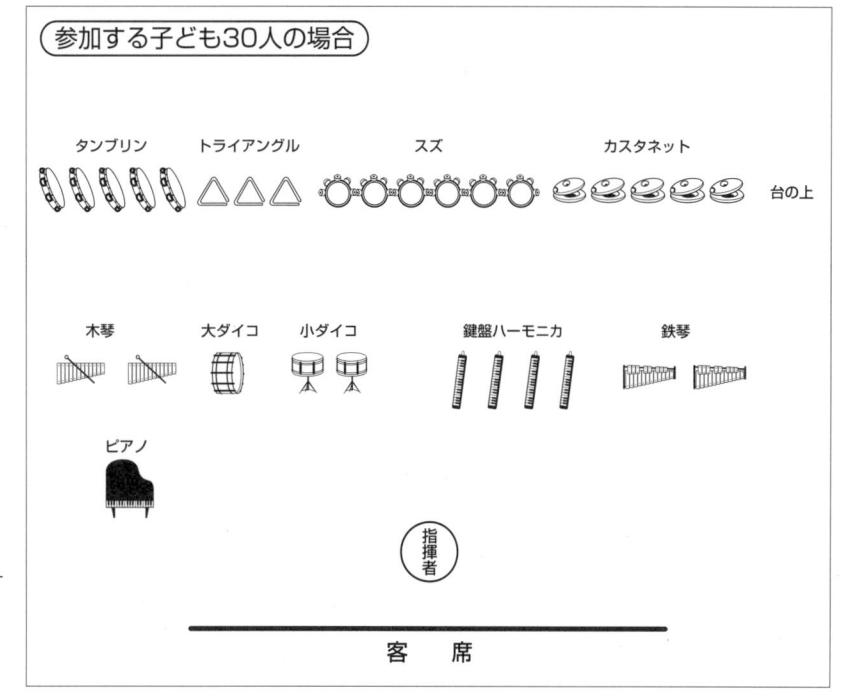

参加する子ども30人の場合

タンブリン　トライアングル　スズ　カスタネット　台の上

木琴　大ダイコ　小ダイコ　鍵盤ハーモニカ　鉄琴

ピアノ

指揮者

客　席

楽器の使い方・導入のあそび

鉄琴の使い方

○ 高さは、子どもの腰の位置にします（足台などで調節）。
○ ふつう、右手のばちだけを使います。左手はその場合、音を止める役割です。
○ 速いリズムやオクターブなどのときは両手です。
○ 押さえ込まず、はじいて（引いて）打つようにします。

その他の注意点など

● 3拍子です。基本のリズムは ♩♩♩‖ ですので、体で感じ表現できるようになると入りやすいです。横ゆれ、縦ゆれ、足手手などいろいろ経験してみましょう。
● 木琴の ♫♩ のリズムのところは ♩♩ でもよいです。また、Ｂの（　）はお休みでもよいでしょう。
● 木琴の2重音は上の音のみでもよいですし、2人で上パート、下パートにわけてもよいでしょう。
● D.C. に戻り 1. に行って終わりますが、演奏を長くしたい場合は 1. 2. で終わってもよいです。
● 有音程パートを除くと4歳児にも使える曲です。

99

スケーターズ ワルツ

スケーターズ ワルツ

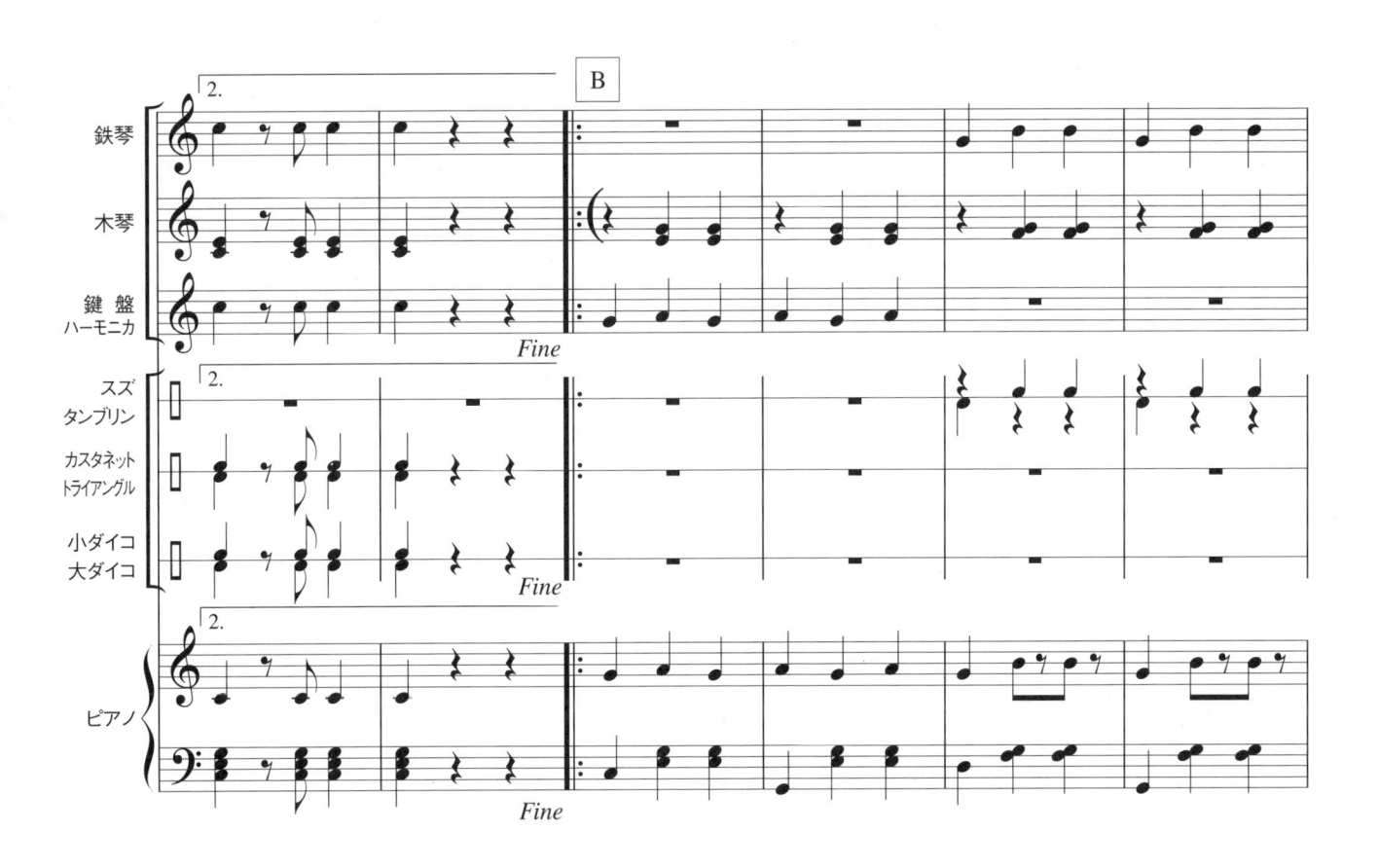

スケーターズ ワルツ

5歳児

ドナウ川のさざなみ

●作曲／イバノビッチ　●編曲／佐藤千賀子

並び方の例

●参加人数の目安…30人

スズ……………5人
カスタネット……5人
タンブリン………4人
トライアングル…4人
シンバル…………1人
小ダイコ…………2人
大ダイコ…………1人
鉄琴………………2人
木琴………………2人
鍵盤ハーモニカ…4人

●人数調整のしかた

30人より多いとき…スズを増やす
30人より少ないとき
　　　……カスタネットを減らす

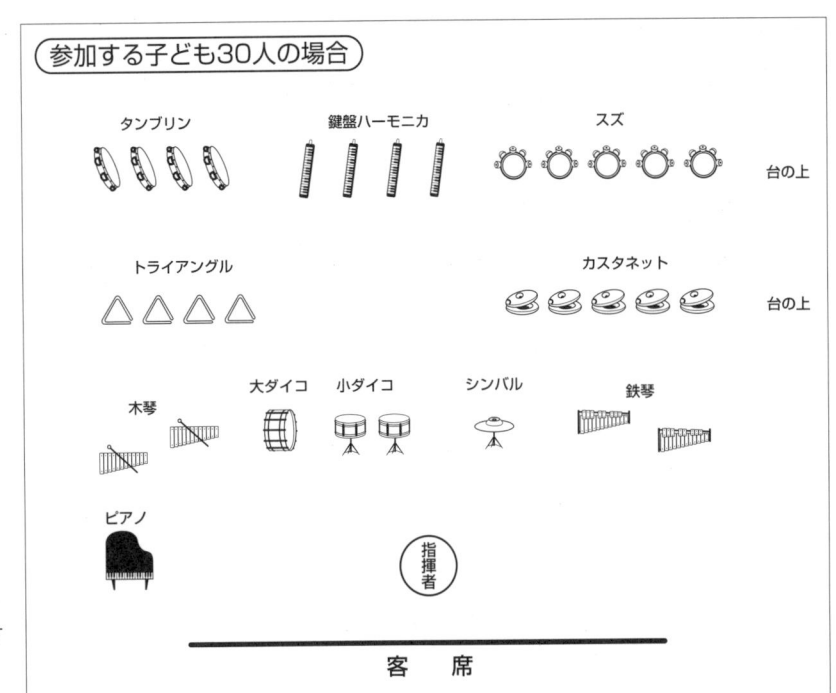

参加する子ども30人の場合

タンブリン　　鍵盤ハーモニカ　　スズ　　台の上

トライアングル　　　　　　　カスタネット　台の上

木琴　大ダイコ　小ダイコ　シンバル　鉄琴

ピアノ　　　　指揮者

客　席

楽器の使い方・導入のあそび

鍵盤ハーモニカの使い方

○笛のようにたてに持って演奏する場合と、机の上に置いて、歌口に長い管をつけて演奏する場合があります。たてに持つとき、裏側にベルトのついたものもあります。
○タンギングの奏法を覚えると演奏が楽になります（107ページ参照）。

その他の注意点など

●木琴は2重音ですが、隣との共通音があるのでバチ2本でできます。もし難しいようでしたら、どちらかの音か、2人で分けてしてください。
●鉄琴（　）のシドレミファソラを入れるととても映えます。
●*D.C.*の後 9小節目から、タンブリン、スズも入り、*Fine*までいき、終わるとよいでしょう。

ドナウ川のさざなみ

ドナウ川のさざなみ

ドナウ川のさざなみ

5歳児 ミッキーマウス・マーチ (MICKEY MOUSE MARCH)

並び方の例

● 参加人数の目安…30人

- スズ……………6人
- カスタネット……5人
- タンブリン………5人
- トライアングル…4人
- 小ダイコ…………2人
- 大ダイコ…………1人
- 鉄琴………………2人
- 木琴………………2人
- 鍵盤ハーモニカ…3人

● 人数調整のしかた

30人より多いとき…スズを増やす
30人より少ないとき
　　　……カスタネットを減らす

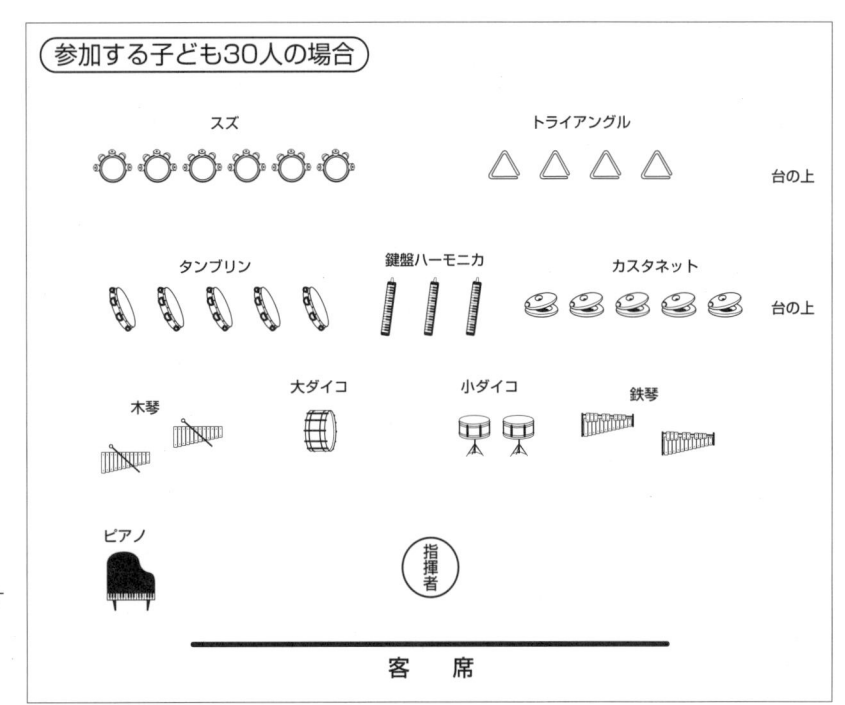

【参加する子ども30人の場合】

スズ　　　　　　　トライアングル
　　　　　　　　　　　　　　　　台の上

タンブリン　　鍵盤ハーモニカ　　カスタネット
　　　　　　　　　　　　　　　　台の上

木琴　　大ダイコ　小ダイコ　鉄琴

ピアノ　　　　指揮者

客　席

楽器の使い方・導入のあそび

【鍵盤ハーモニカで遊ぼう】

〔キラキラぼし〕でタンギングあそび

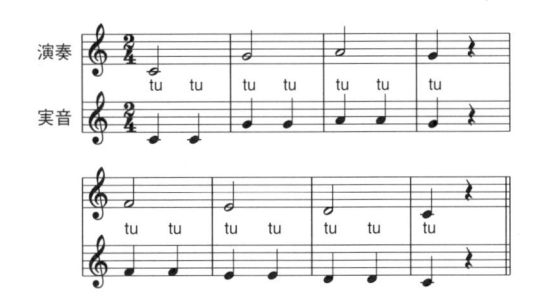

演奏　tu tu　tu tu　tu tu　tu
実音

○同じ音が連結する場合、舌の先を使ってtutuと音を切り（タンギング）、指をいちいち押さえなおさなくてもよいのが、この楽器の特徴です。

その他の注意点など

● 前奏は1つの楽器にしています。
● 鍵盤ハーモニカを3回 ⎫
　木琴を　　　　　2回 ⎭ して重ねていってもよいでしょう。
● 9～16小節は、スズと大ダイコ、小ダイコでします。繰り返したらスズは休みで、トライアングルと大ダイコ、小ダイコに変えてください。
● $\frac{6}{8}$ 拍子です。大きく2拍子にとってテンポを決めてください。

ミッキーマウス・マーチ (MICKEY MOUSE MARCH)

●Words and Music by Jimmie Dodd

©1955 by WALT DISNEY MUSIC COMPANY
Copyright Renewed.
All Rights Reserved. International Copyright Secured.
Rights for Japan controlled by YAMAHA MUSIC FOUNDATION

ミッキーマウス・マーチ

ミッキーマウス・マーチ

5歳児

ビビディ・バビディ・ブー (BIBBIDI-BOBBIDI-BOO)

並び方の例

●参加人数の目安…30人

スズ……………6人
カスタネット……5人
タンブリン………4人
トライアングル…4人
シンバル…………1人
小ダイコ…………2人
大ダイコ…………1人
鉄琴………………2人
木琴………………2人
鍵盤ハーモニカ…3人

●人数調整のしかた

30人より多いとき…スズを増やす
30人より少ないとき
　　……カスタネットを減らす

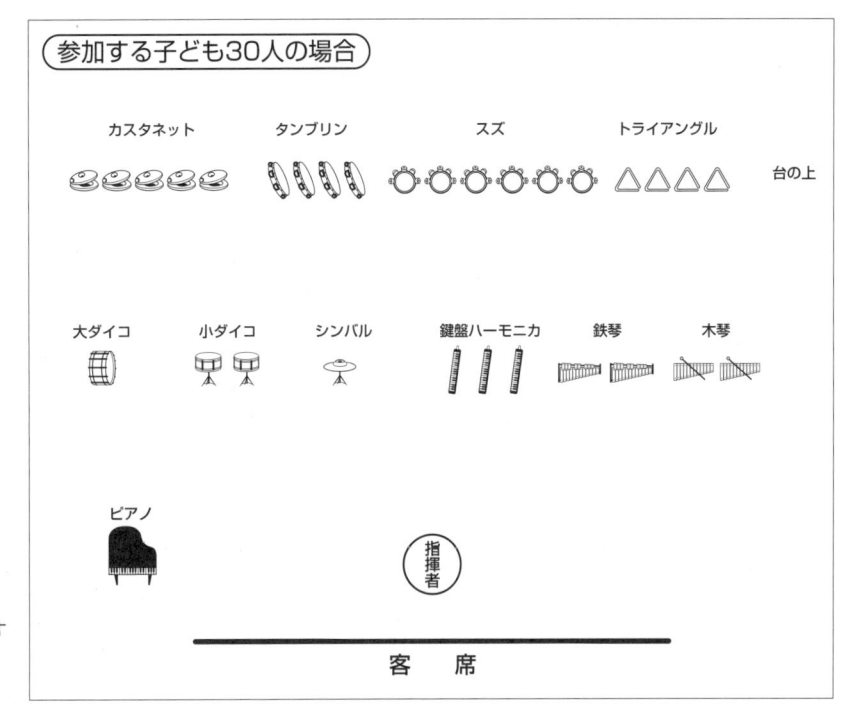

参加する子ども30人の場合

カスタネット　タンブリン　スズ　トライアングル　台の上

大ダイコ　小ダイコ　シンバル　鍵盤ハーモニカ　鉄琴　木琴

ピアノ　　　　　指揮者

客　席

楽器の使い方・導入のあそび

鍵盤ハーモニカで遊ぼう

○お返事「はあい」してみよう。
○黒鍵の#ファと#ソだけを使います。
保育者がピアノを弾きながら子どもの名前を呼び、子どもたちは、鍵盤ハーモニカで（はあい）というつもりで吹きます。

保育者　ふみちゃん
保育者　まことくん
子ども　（はあい）

その他の注意点など

●単純な組み合わせでアレンジしてあります。
●Eは1つの楽器が順番に独立しています。
●小ダイコ、大ダイコの♪は入れても入れなくてもどちらでもよいです。
●木琴と鍵盤ハーモニカのパートを同じにしました。両方でもどちらか1つでもかまいません。
●有音程楽器をのぞくと4歳児でもできます。
●シンバルの（　）のところは、なくてもよいです。

111

ビビディ・バビディ・ブー (BIBBIDI-BOBBIDI-BOO)

● Words by Jerry Livingston　● Music by Mack David And Al Hoffman
● 日本語詞／音羽たかし

©1948 by WALT DISNEY MUSIC COMPANY
Copyright Renewed.
All Rights Reserved. International Copyright Secured.
Rights for Japan controlled by YAMAHA MUSIC FOUNDATION

サラガドゥラ　メチカブラ

ビビディ・バビディ・ブー

ビビディバビディブー うたえおどれ たのしく ビビディバビディブー

C

すべてこのよは― こいもなやみも― さらりすて

ビビディ・バビディ・ブー

5歳児

チキチキバンバン (CHITTY CHITTY BANG BANG)

並び方の例

●参加人数の目安…32人

スズ……………6人
カスタネット……6人
タンブリン………5人
トライアングル…4人
小ダイコ…………2人
大ダイコ…………1人
鉄琴………………2人
木琴………………2人
鍵盤ハーモニカ…4人

●人数調整のしかた

32人より多いとき…スズを増やす
32人より少ないとき
　　　……カスタネットを減らす

参加する子ども32人の場合

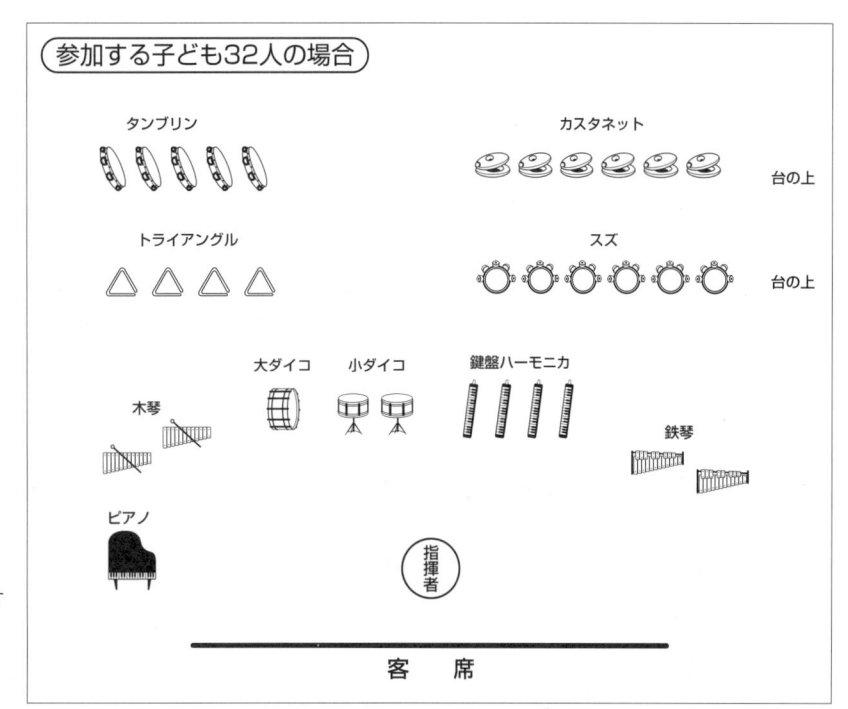

タンブリン　　　　　カスタネット
　　　　　　　　　　　　　　　　台の上
トライアングル　　　スズ
　　　　　　　　　　　　　　　　台の上
　　　　大ダイコ　小ダイコ　鍵盤ハーモニカ
木琴　　　　　　　　　　　　　　鉄琴

ピアノ
　　　　　　　　指揮者

客　席

楽器の使い方・導入のあそび

鉄琴で遊ぼう

○お返事「はあい」を鉄琴でやってみましょう。保育者がピアノを弾きながら子どもの名前を呼び、子どもたちは、「はあい」の返事を鉄琴を鳴らしながらします。

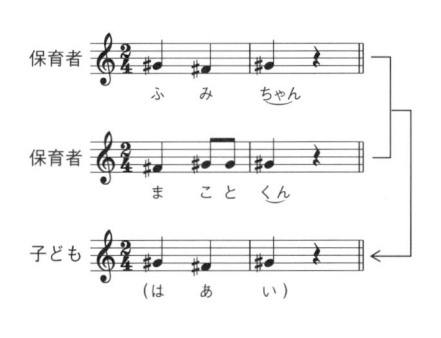

保育者　ふ　み　ちゃん
保育者　ま　こと　くん
子ども　（は　あ　い）

その他の注意点など

●タンブリンとカスタネットの組み合わせになっています。
●[C]から曲想が変わりますので、トライアングルとスズを中心にしました。
●伴奏の（　）のところは弾かなくてもよいです。

チキチキバンバン (CHITTY CHITTY BANG BANG)

- Words and Music by Richard M.Sherman And Robert B.Sherman
- 日本語詞／岩谷時子

©1968 by EMI UNART CATALOG INC.
All rights reserved. Used by permission.
Print rights for Japan assigned to YAMAHA MUSIC FOUNDATION

チキチキバンバン

チキチキバンバン

チキチキバンバン

調子のよいかじや〜村のかじや〜調子のよいかじや

調子のよいかじや＝●作曲／ヘンデル　村のかじや＝●文部省唱歌　●編曲／佐藤千賀子

並び方の例

●参加人数の目安…30人

　スズ……………5人
　カスタネット……5人
　タンブリン………3人
　トライアングル…3人
　ウッドブロック…3人
　シンバル…………1人
　小ダイコ…………2人
　大ダイコ…………1人
　鉄琴………………2人
　木琴………………2人
　鍵盤ハーモニカ…3人

●人数調整のしかた

　30人より多いとき…スズを増やす
　30人より少ないとき
　　……カスタネットを減らす

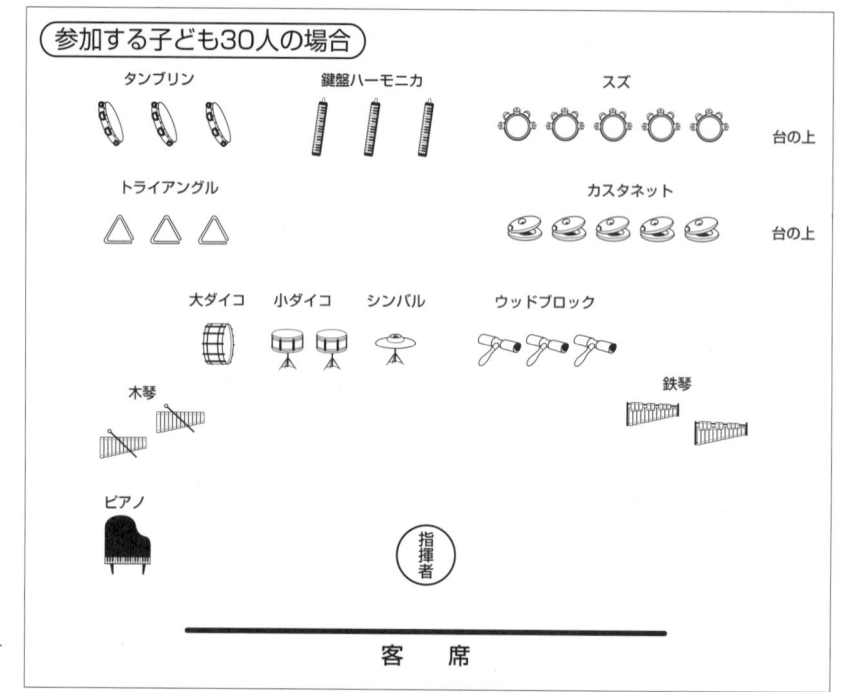

参加する子ども30人の場合

（配置図：タンブリン、鍵盤ハーモニカ、スズ（台の上）、トライアングル、カスタネット（台の上）、大ダイコ、小ダイコ、シンバル、ウッドブロック、木琴、鉄琴、ピアノ、指揮者、客席）

楽器の使い方・導入のあそび

木琴で遊ぼう

○お返事「はあい」を木琴でやってみましょう。保育者がピアノを弾きながら子どもの名前を呼び、子どもたちは、「はあい」の返事を木琴を鳴らしながらします。

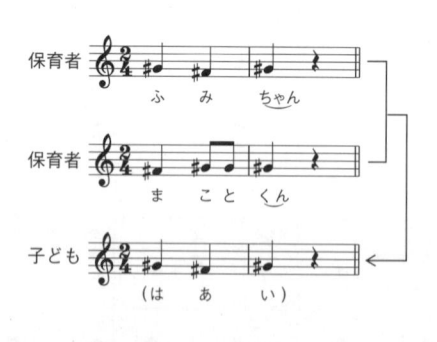

（楽譜：保育者「ふみちゃん」、保育者「まことくん」、子ども「(は あ い)」）

その他の注意点など

●村のかじやをはさんでみました。
●Coda D は 2曲がかけあいになっており、パートも2つに分けていますので、指揮もしやすいでしょう。
●$\frac{4}{4}$（調子のよいかじや）と $\frac{2}{4}$（村のかじや）ですが、拍の流れは同じにカウントして下さい。

調子のよいかじや～村のかじや～調子のよいかじや

調子のよいかじや〜村のかじや〜調子のよいかじや

調子のよいかじや〜村のかじや〜調子のよいかじや

調子のよいかじや〜村のかじや〜調子のよいかじや

5歳児

ソーラン節

●北海道民謡　●編曲／佐藤千賀子

並び方の例

●参加人数の目安…30人

スズ……………5人
カスタネット……4人
タンブリン………3人
トライアングル…3人
ウッドブロック…3人
シンバル…………1人
小ダイコ…………2人
大ダイコ…………1人
和太鼓……………1人
鉄琴………………2人
木琴………………2人
鍵盤ハーモニカ…3人

●人数調整のしかた

30人より多いとき…スズを増やす
30人より少ないとき
　　……カスタネットを減らす

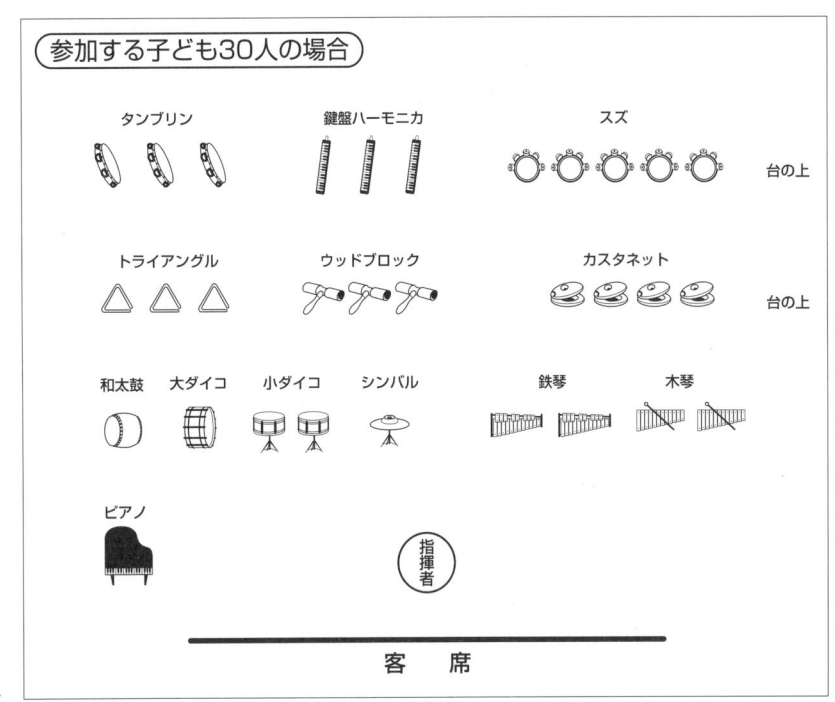

参加する子ども30人の場合

タンブリン　　鍵盤ハーモニカ　　スズ　　　　　台の上

トライアングル　ウッドブロック　　カスタネット　台の上

和太鼓　大ダイコ　小ダイコ　シンバル　　鉄琴　　木琴

ピアノ　　　　　　指揮者

客　席

楽器の使い方・導入のあそび

リズムで遊ぼう　（全員が経験できるようにしましょう）

・保育者がピアノで弾いた通りに子どもたちが鉄琴を弾きます。（鍵盤ハーモニカ、ハーモニカ、「ドレミ」とうたう、などでもやってみましょう）

（保育者）　　　　（鉄琴の子どもたち）
① →
② →
③ →
④ →

※ほかにもいろいろやってみましょう。

その他の注意点など

● 和太鼓があれば使ってみましょう。大ダイコ小ダイコのパートをします。

● Cのところも和太鼓を入れなければ、大ダイコ、小ダイコで♪♪のリズムを入れて下さい。拍子木、鳴りものなども入れられます。両方重なっても豪華になってよいでしょう。

● "ハイ ハイ" のところは演奏者全員で声を出して言ってください。

● 伴奏左手は♩♫｜♫♪‖になっていますが、弾きづらかったら♩♫｜♩♫‖に変えてください。

ソーラン節

ソーラン節

ソーラン節

128

ソーラン節

5歳児

ハンガリー舞曲第5番

●作曲／ブラームス　●編曲／佐藤千賀子

並び方の例

●参加人数の目安…30人
　スズ……………6人
　カスタネット……5人
　タンブリン………5人
　トライアングル…3人
　シンバル…………1人
　小ダイコ…………2人
　大ダイコ…………1人
　鉄琴………………2人
　木琴………………2人
　鍵盤ハーモニカ…3人

●人数調整のしかた
　30人より多いとき…スズを増やす
　30人より少ないとき
　　　　……カスタネットを減らす

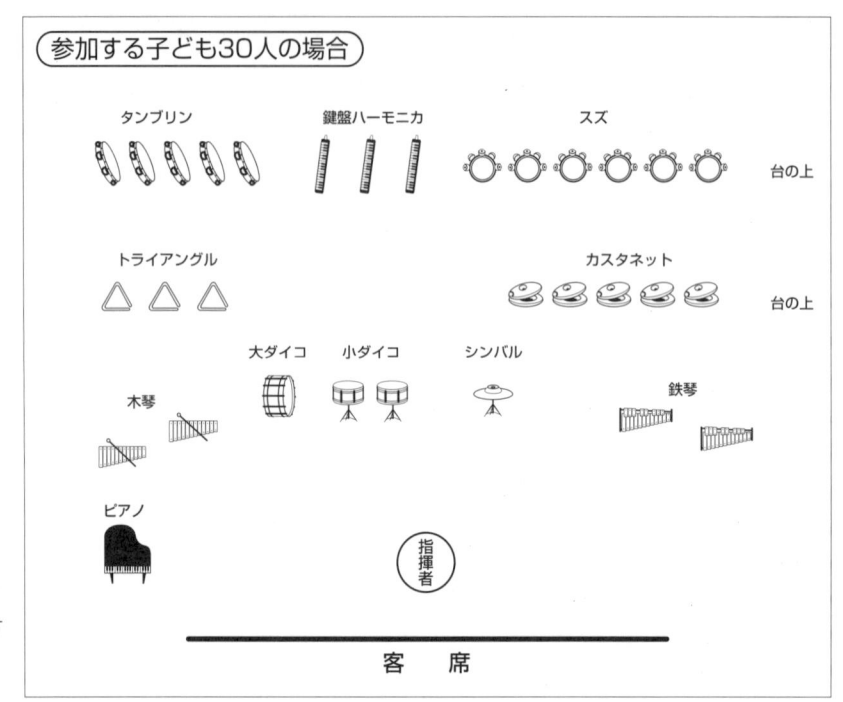

参加する子ども30人の場合

楽器の使い方・導入のあそび

リズムで遊ぼう（全員が経験できるようにしましょう）

○保育者がピアノで弾いた通りに子どもたちが木琴を弾きます。（鍵盤ハーモニカ、ハーモニカ、「ドレミ」とうたう、などでもやってみましょう）

（保育者）　　（木琴の子どもたち）

※ほかにもいろいろやってみましょう。

その他の注意点など

● C は繰り返しがあります。1回目は鉄琴、スズ、2回目は鍵盤ハーモニカとタンブリンでしてください。木琴は両方入ってもよいです。

● B の木琴は ♩♪♩♪♩♪ のリズムパターンです。体も使いリズムにのってするようにしましょう。

●演奏順　A A B B C C D D.C. A B ✶ B ✶ Coda

ハンガリー舞曲第5番

ハンガリー舞曲第5番

ハンガリー舞曲第5番

ハンガリー舞曲第5番

5歳児

カッコウワルツ (THE CUCKOO WALTS)

●編曲／佐藤千賀子

並び方の例

●参加人数の目安…32人

- スズ……………5人
- カスタネット……5人
- タンブリン………4人
- トライアングル…3人
- シンバル…………1人
- 小ダイコ…………2人
- 大ダイコ…………1人
- 水笛………………3人
- 鉄琴………………2人
- 木琴………………2人
- 鍵盤ハーモニカ…4人

●人数調整のしかた

水笛を入れないときはタンブリン・カスタネット・スズに1名ずつ入れる

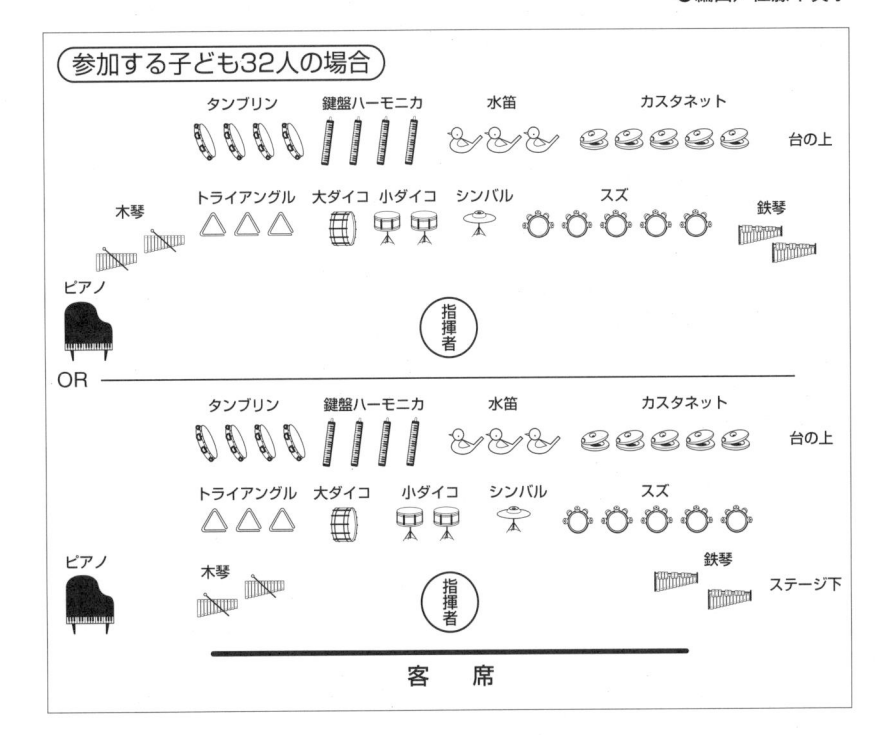

参加する子ども32人の場合

（上段）タンブリン　鍵盤ハーモニカ　水笛　カスタネット　台の上
木琴　トライアングル　大ダイコ　小ダイコ　シンバル　スズ　鉄琴
ピアノ　指揮者

OR

（下段）タンブリン　鍵盤ハーモニカ　水笛　カスタネット　台の上
ピアノ　木琴　トライアングル　大ダイコ　小ダイコ　シンバル　スズ　鉄琴　ステージ下
指揮者
客　席

楽器の使い方・導入のあそび

鉄琴・木琴で遊ぼう

・『かっこう』（作詞／小林純一・ドイツ民謡）で遊びましょう。部分的に鉄琴・木琴を入れてみましょう。

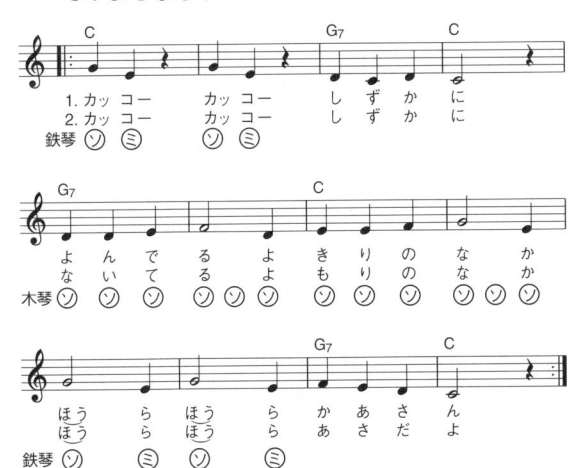

1. カッコー　カッコー　しずかに
2. カッコー　カッコー　しずかに
鉄琴

よんでるよ　きりのなかか
木琴

ほうらほうら　かあさんよ
鉄琴

その他の注意点など

- カッコウの鳴き方やいろいろな鳥の鳴き方をまねしてみましょう。カッコウ笛の形を手でして鳴いてみるのもよいでしょう。
- バッテリーのリズムをいろいろ表現してみましょう。
- 3拍子 ♩♩♩ のリズムが基本なので、それから入っていくとよいです。
- トライアングルのトリルは △ ここを細かく打ってください。
- スズのトリルも軽く細かく振るようにしてください。
- 水笛が出てきますが、水を入れすぎないよう注意してください。水笛がない場合は、Cのところなど、トライアングル、スズにしてください。
- 伴奏（⌢）のところは、書いてある音の1つ上（ファならファソファ）を弾きますが、入れなくてもよいです。
- 曲全体でカッコウと聞こえるところにカッコウ笛を入れると楽しいでしょう。
- Cの鍵盤ハーモニカは ♩♪ でも ♩♩♩ でもどちらでもよいです。
- 木琴パートは2重音になっていますが、バチ2本で1人でしても、上と下の音符に分け2人でしてもよいです。マリンバの場合は、1台に2人でできます。

カッコウワルツ (THE CUCKOO WALTS)

●Music by J.E.Jonasson, Lyrics by Ejnar Westling

Copyright ©1920 for the world by Elkan & Schildknecht, Emil Carelius AB, Stockholm, Sweden.
For Japan: Ongaku No Tomo Sha Corp., Tokyo, Japan

カッコウワルツ

カッコウワルツ

カッコウワルツ

カッコウワルツ

カッコウワルツ

河はよんでる (L'EAU VIVE)

©Copyright 1958 by WARNER CHAPPELL MUSIC FRANCE, Paris.
Rights for Japan assigned to SUISEISHA Music Publishers, Tokyo.

●作詞・作曲／Guy BEART　●日本語詞／水野汀子　●編曲／佐藤千賀子

5歳児

並び方の例

●参加人数の目安…30人

- スズ…………5人
- カスタネット……5人
- タンブリン………4人
- トライアングル…3人
- ウッドブロック…3人
- 小ダイコ…………2人
- 大ダイコ…………1人
- 鉄琴………………2人
- 木琴………………2人
- 鍵盤ハーモニカ…3人

●人数調整のしかた

30人より多いとき…スズを増やす
30人より少ないとき
　　　……カスタネットを減らす

参加する子ども30人の場合

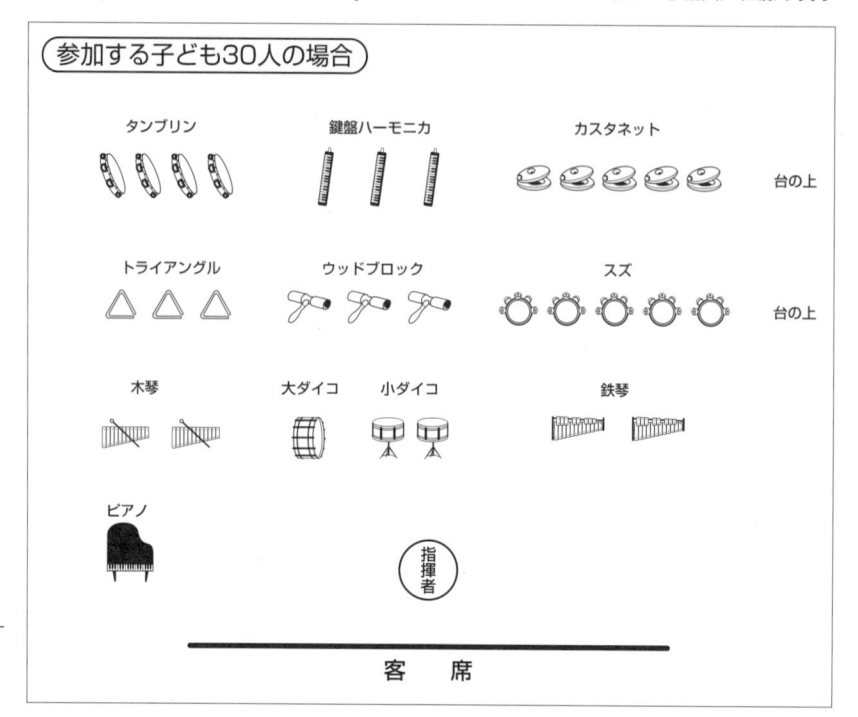

タンブリン　　鍵盤ハーモニカ　　カスタネット　　台の上

トライアングル　ウッドブロック　　スズ　　台の上

木琴　　大ダイコ　小ダイコ　　鉄琴

ピアノ　　　指揮者

客　席

楽器の使い方・導入のあそび

リズムで遊ぼう　（全員が経験できるようにしましょう）

○保育者がピアノで弾いた通りに子どもたちが
　鍵盤ハーモニカを弾きます。
　（ほかの有音程楽器でもやってみましょう）

（保育者）　　（鍵盤ハーモニカの子どもたち）

① →
② →
③ →
④ →

※ほかにもいろいろやってみましょう。

その他の注意点など

● Ａと Ｂは同じ3拍子ですが感じが違いますので、よく比べてみてください。

● Ｂの伴奏で、左手の1拍目が飛んで弾きにくいときは和音の下を1拍にして弾いてください。

例えば　　　　　　　のようにします。

河はよんでる

河はよんでる

河はよんでる

歌詞:
しあわせのひが — あなたの うえにも ほほえんでいる —

Fine

河はよんでる

河はよんでる

河はよんでる

5歳児

トルコ行進曲

●作曲／モーツァルト　●編曲／佐藤千賀子

並び方の例

●参加人数の目安…30人

　スズ……………5人
　カスタネット……4人
　タンブリン………4人
　トライアングル…3人
　ウッドブロック…3人
　シンバル…………1人
　小ダイコ…………2人
　大ダイコ…………1人
　鉄琴………………2人
　木琴………………2人
　鍵盤ハーモニカ…3人

●人数調整のしかた

　30人より多いとき…スズを増やす
　30人より少ないとき
　　　……カスタネットを減らす

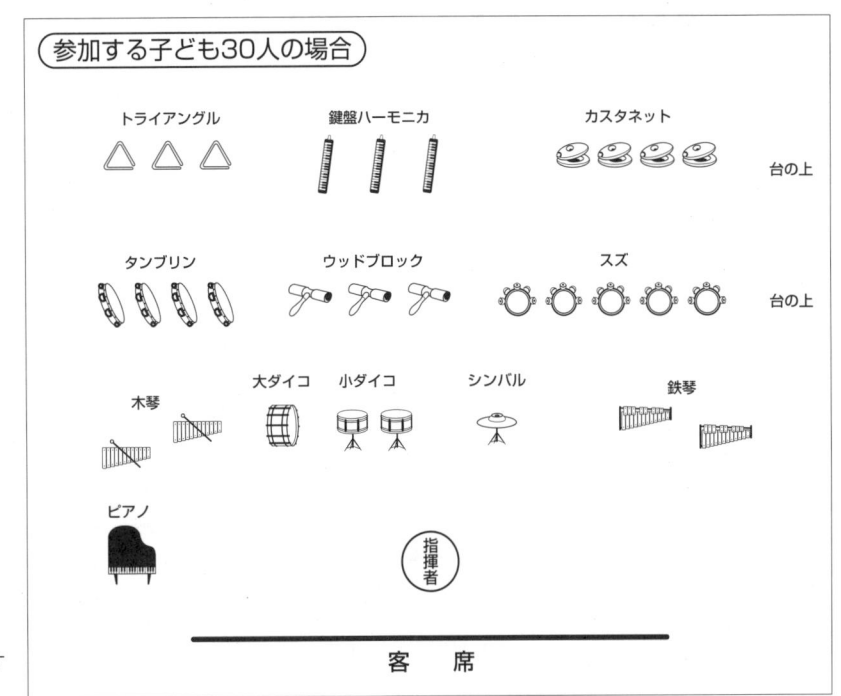

参加する子ども30人の場合

トライアングル　鍵盤ハーモニカ　カスタネット　台の上

タンブリン　ウッドブロック　スズ　台の上

木琴　大ダイコ　小ダイコ　シンバル　鉄琴

ピアノ　指揮者

客　席

楽器の使い方・導入のあそび

リズムで遊ぼう

○『みんなでね』（作詞・作曲／乾　康平）で遊びましょう。
　3段目のところで、だれか1人が、好きなリズムをたたき、続けてみんなが同じリズムをたたきます。2段目のところは、思い思いに鳴らしたりたたいたりしましょう。

♩=90ぐらい

みんなで　ね　あそぼう　よ　みんなで　ね
（いろいろなリズムで）
ならそう　よ
すてきな　おとが　きこえた　よ　（がっきのなまえ）

その他の注意点など

●全員が ♩♫｜♩♫｜♪♪｜♩♫‖ のリズムパターンができるようになると導入しやすいです。

●リズムが走らないよう注意しましょう。

●静かにはじまるので合図はしっかりしましょう。

●ウッドブロック　左右　は、左と書いてあるのは左側を、右と書いてあるのは右側を打ってください。

●演奏順　A B C D E A B C F

トルコ行進曲

トルコ行進曲

トルコ行進曲

☆ 左手オクターブで弾いてもよいです。

トルコ行進曲

トルコ行進曲

トルコ行進曲

5歳児

ラデッキーマーチ

●作曲／J.シュトラウス　●編曲／佐藤千賀子

並び方の例

●参加人数の目安…30人

　　スズ……………5人
　　カスタネット……4人
　　タンブリン………4人
　　トライアングル…3人
　　ウッドブロック…3人
　　シンバル…………1人
　　小ダイコ…………2人
　　大ダイコ…………1人
　　鉄琴………………2人
　　木琴………………2人
　　鍵盤ハーモニカ…3人

●人数調整のしかた

　30人より多いとき…スズを増やす
　30人より少ないとき
　　　……カスタネットを減らす

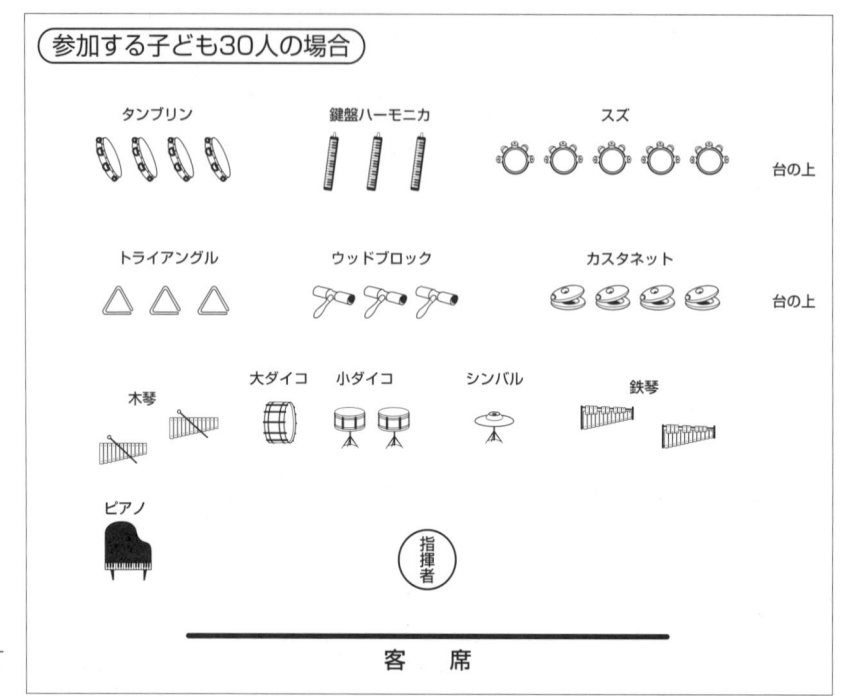

参加する子ども30人の場合

タンブリン　　鍵盤ハーモニカ　　スズ　　　　　　台の上

トライアングル　ウッドブロック　カスタネット　　台の上

木琴　　大ダイコ　小ダイコ　シンバル　　鉄琴

ピアノ　　　　　　　指揮者

客　席

楽器の使い方・導入のあそび

リズムで遊ぼう

『歌遊び』（作詞／稲沢映介・ドイツ民謡）で遊びます。

(保育者) (みんなで)
1.てをたたきましょう　てをたたきましょう

(保育者) (みんなで)
みなさんどうぞ　おさきにどうぞ

(1人で) (みんなで)

(1人で) (みんなで)

その他の注意点など

●木琴のグリッサンドは始めの音が書いてありませんが、どこからでもよいです。
●$\frac{2}{2}$拍子なので、2拍分で切ってください。
●長い曲ですが、繰り返しや、はじめに戻るところもありますますので、覚えればやりやすいでしょう。

2.おとあてしましょう　おとあてしましょう
3.あしぶみしましょう　あしぶみしましょう
4.まねっこしましょう　まねっこしましょう

○（1人で）のところは、だれか1人が自由にリズムを打ち、（みんなで）のところは、全員がそのまねをします。
保育者は、「○○ちゃん、はい！」と呼びかけ、伴奏するとよいでしょう。2段目までは保育者がしましょう（3、4段目は、伴奏だけです）。

ラデッキーマーチ

ラデッキーマーチ

ラデッキーマーチ

ラデッキーマーチ

ラデッキーマーチ

ラデッキーマーチ

ラデッキーマーチ

ラデッキーマーチ

ラデッキーマーチ

5歳児

双頭の鷲の旗の下に

●作曲／ワグナー　●編曲／佐藤千賀子

並び方の例

●参加人数の目安…30人

- スズ……………6人
- カスタネット……5人
- タンブリン………4人
- トライアングル…4人
- シンバル…………1人
- 小ダイコ…………2人
- 大ダイコ…………1人
- 鉄琴………………2人
- 木琴………………2人
- 鍵盤ハーモニカ…3人

●人数調整のしかた

30人より多いとき…スズを増やす
30人より少ないとき
　……カスタネットを減らす

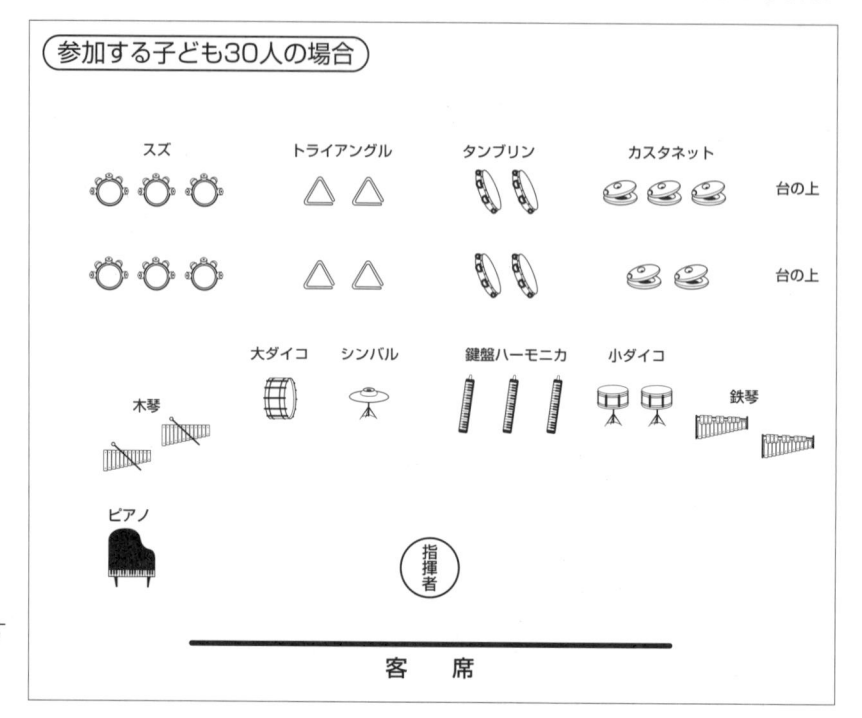

参加する子ども30人の場合

スズ　トライアングル　タンブリン　カスタネット　　台の上

大ダイコ　シンバル　鍵盤ハーモニカ　小ダイコ

木琴　　　　　　　　　　　　　　　　　　　　鉄琴

ピアノ　　　　　　指揮者

客　席

楽器の使い方・導入のあそび

リズムで遊ぼう

- 『楽しいリズム』（作詞・作曲／佐藤千賀子）で遊びましょう。
（1人で）のところは、だれかにやってもらいましょう。
（みんなで）のところは、全員が続きます。保育者はそのとき、ピアノ伴奏しましょう。

その他の注意点など

- C ♪♪♪♪ のリズムは走ってしまいますので、走らないように注意してください。
- カスタネットと小ダイコがどうしてもそろわないときは、同時ではなく1つずつのパートにわけてください。
- C はメロディが左手になっていますので、はっきり弾いてください。

リズムにのって　　　　　　　　　　　　　　　（1人で）（みんなで）（1人で）（みんなで）

みんなできこう　たのしいメロディー　みんなでたたこう　たのしいリズム

双頭の鷲の旗の下に

双頭の鷲の旗の下に

双頭の鷲の旗の下に

双頭の鷲の旗の下に

5歳児

おもちゃの兵隊

●作曲／イエッセル　●編曲／佐藤千賀子

並び方の例

●参加人数の目安…45人

- スズ……………7人
- カスタネット……7人
- タンブリン………6人
- トライアングル…3人
- シンバル…………1人
- 小ダイコ…………2人
- 大ダイコ…………1人
- 鉄琴………………7人
- 木琴………………7人
- 鍵盤ハーモニカ…4人

●人数調整のしかた

45人より多いとき…スズを増やす
45人より少ないとき
　　……カスタネットを減らす

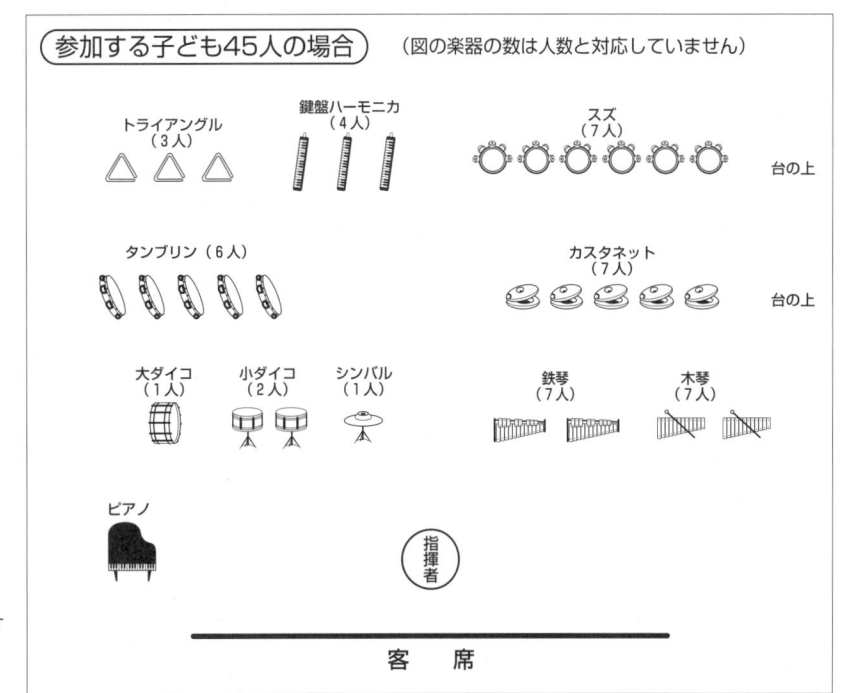

参加する子ども45人の場合　（図の楽器の数は人数と対応していません）

- トライアングル（3人）
- 鍵盤ハーモニカ（4人）
- スズ（7人）　台の上
- タンブリン（6人）
- カスタネット（7人）　台の上
- 大ダイコ（1人）
- 小ダイコ（2人）
- シンバル（1人）
- 鉄琴（7人）
- 木琴（7人）
- ピアノ
- 指揮者
- 客席

楽器の使い方・導入のあそび

『わたしのお耳はウサギのお耳』で遊ぼう

○最後に保育者が弾いたメロディを、まねして子どもたちが弾きます。打楽器は、聞こえた通りのリズムを打ちます。

作者不詳

わたしの おみみは うさぎの おみみ どんな
おとでも きこえます ほら ほら
（保育者）　（子ども）
なる よ

最後の部分は例です。だんだんむずかしくしてみましょう。

その他の注意点など

- ●大きな行事のとき、学年合同でするとよい曲です。
- ●同じメロディが何回も出てくるので、曲を何回も聞いて覚えましょう。
- ●（4つのリズムパターン）

上の4つのリズムからできていますので、曲全体を一度にせず、それぞれのリズムパターンを体（足と手など）で表現し楽器におろすとスムーズにいきます。

- ●Ｂの鍵盤ハーモニカは

ミソソ　ファソソ　ミミ　ソレ
↓
ミソシラ

とできたらしてもよいです。

おもちゃの兵隊

おもちゃの兵隊

おもちゃの兵隊

おもちゃの兵隊

おもちゃの兵隊

おもちゃの兵隊

おもちゃの兵隊

演奏順 A B C D E F D G

2～5歳　一つの曲を各年齢で
さんぽ

●作詞／中川李枝子　●作曲／久石　譲　●編曲／佐藤千賀子

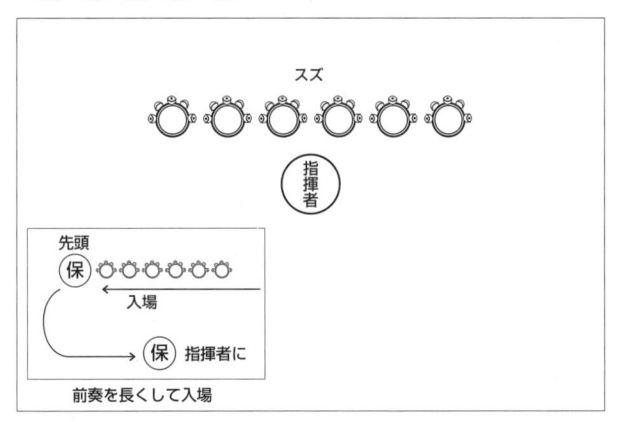

並び方の例
（図の楽器の数は目安とお考えください）

2歳児（スズ…6～7人）

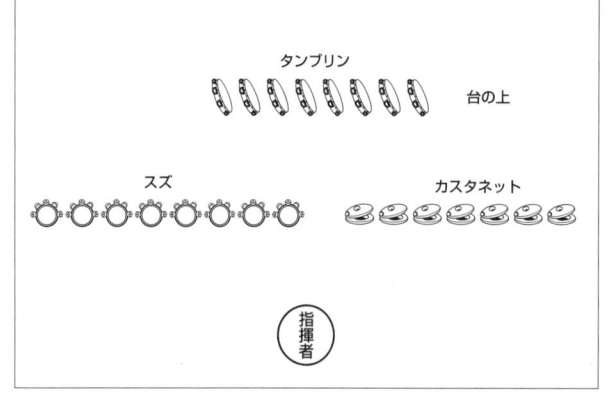

3歳児（スズ…8人、カスタネット…7人、タンブリン…8人）

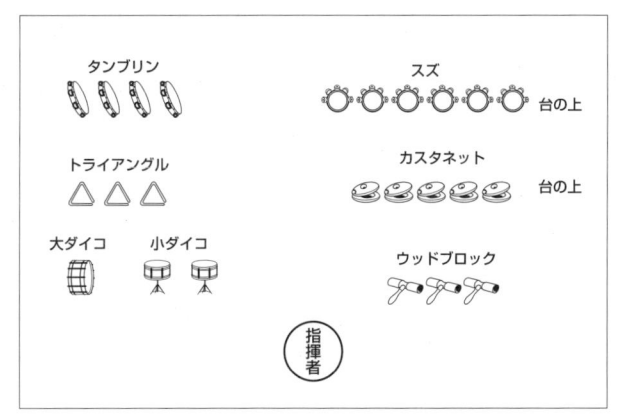

4歳児（スズ…7人、カスタネット…7人、タンブリン…6人、トライアングル…4人、ウッドブロック…3人、小ダイコ…2人、大ダイコ…1人）

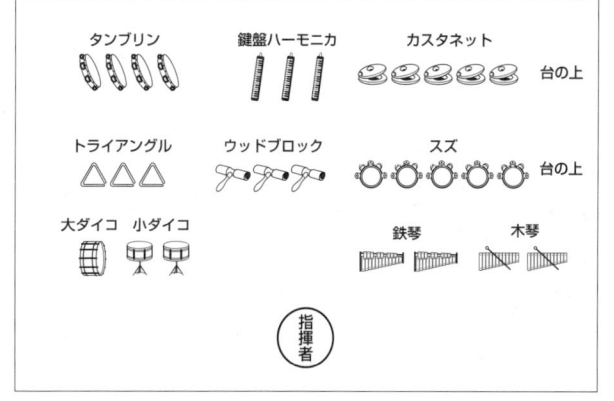

5歳児（スズ…7人、カスタネット…7人、タンブリン…6人、トライアングル…4人、ウッドブロック…3人、小ダイコ…2人、大ダイコ…1人、鉄琴、木琴…各2人、鍵盤ハーモニカ…3人）

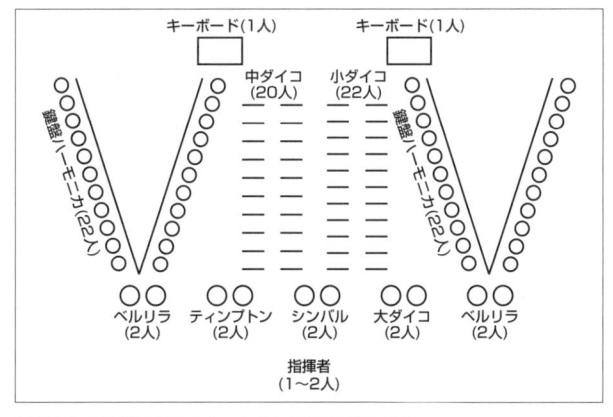

鼓笛隊（計約100人）メイン演奏の図です。

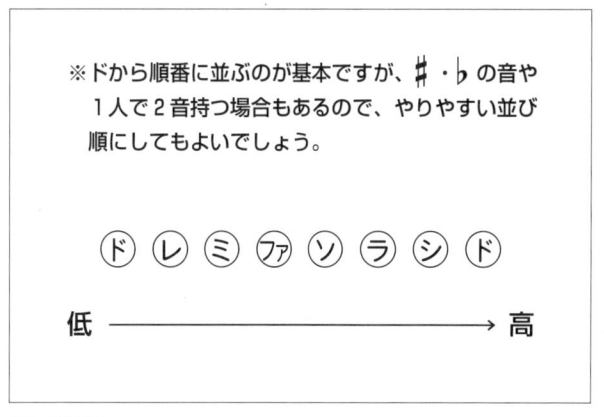

ハンドベル

※ドから順番に並ぶのが基本ですが、♯・♭の音や1人で2音持つ場合もあるので、やりやすい並び順にしてもよいでしょう。

ド　レ　ミ　ファ　ソ　ラ　シ　ド

低　────────→　高

さんぽ（2歳児用）

さんぽ（3歳児用-①）

さんぽ（3歳児用-②）

さんぽ（4歳児用-①）

さんぽ（4歳児用-②）

さんぽ（4歳児用-③）

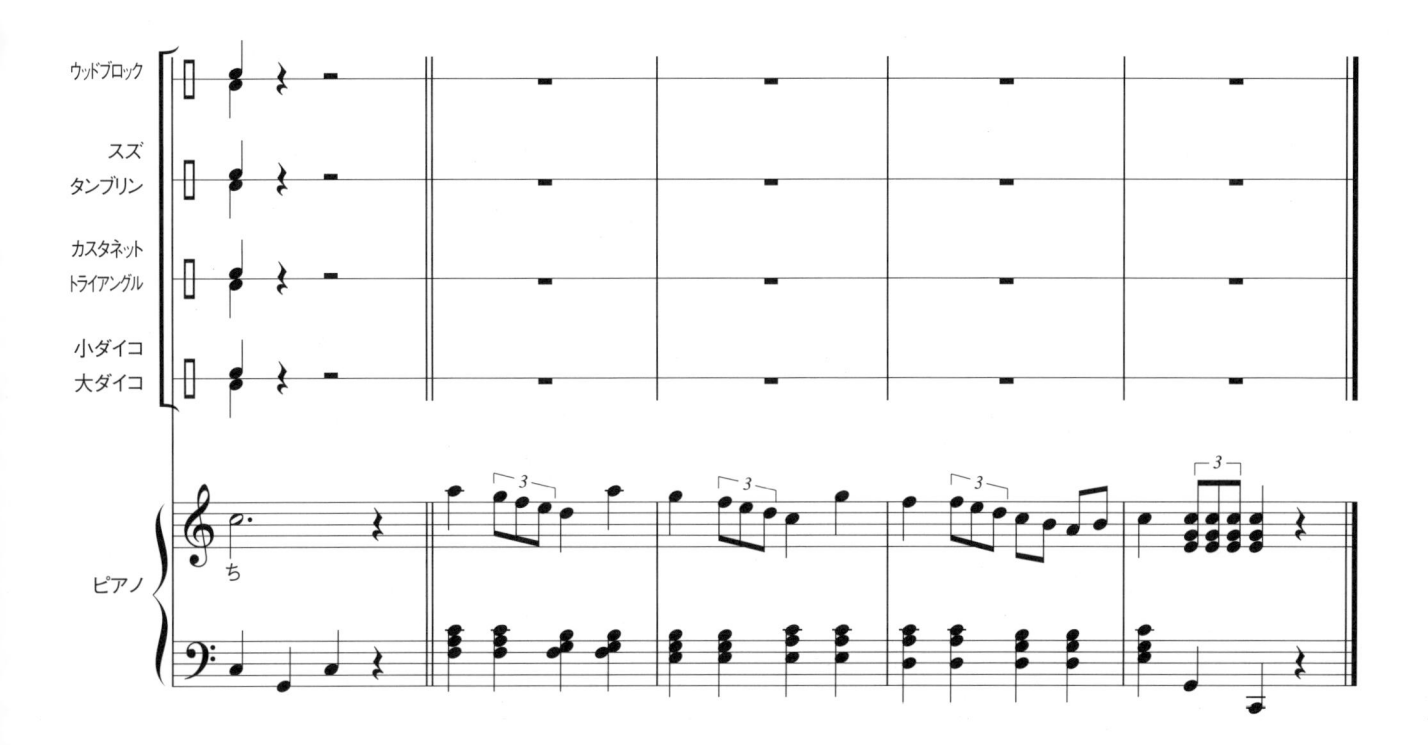

さんぽ（5歳児用-①）

さんぽ（5歳児用-②）

さんぽ（5歳児用-③）

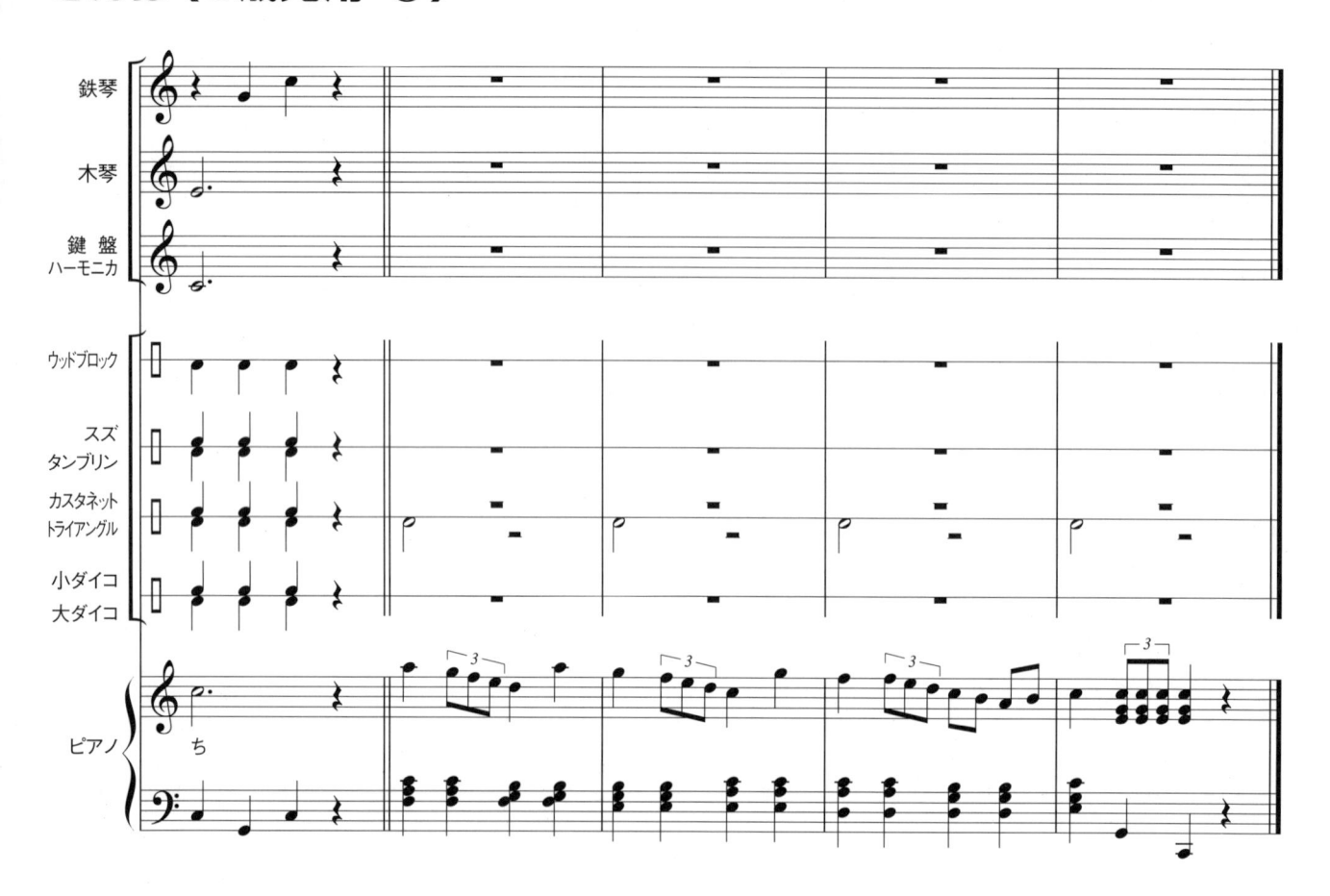

さんぽ（鼓笛隊用-①）

さんぽ（鼓笛隊用-②）

さんぽ（鼓笛隊用-③）

さんぽ（ハンドベル用）

2～5歳 一つの曲を各年齢で
世界に一つだけの花

●作詞・作曲／槇原敬之　●編曲／佐藤千賀子

並び方の例
（図の楽器の数は目安とお考えください）

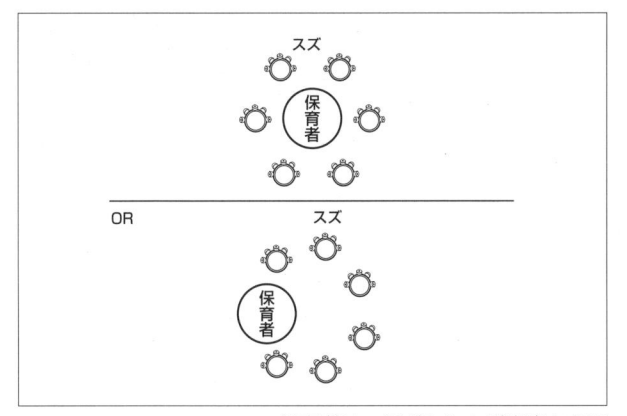

2歳児（スズ…6～7人）→ 保育者は、子どもたちが客席から見えなくなることのないようにしながら、何人かで援助しましょう。

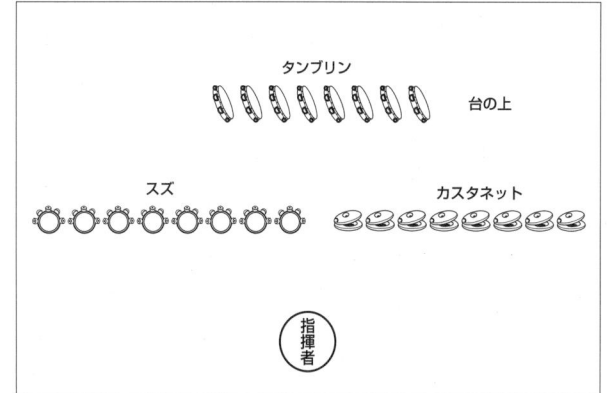

3歳児（スズ…8人、カスタネット…8人、タンブリン…8人）

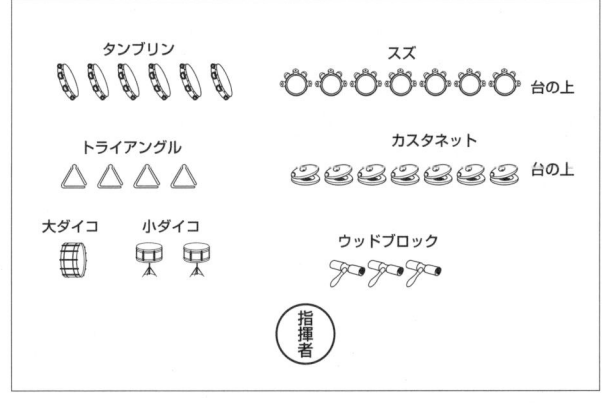

4歳児　スズ…7人、カスタネット…7人、タンブリン…6人
トライアングル…4人、ウッドブロック…3人
小ダイコ…2人、大ダイコ…1人

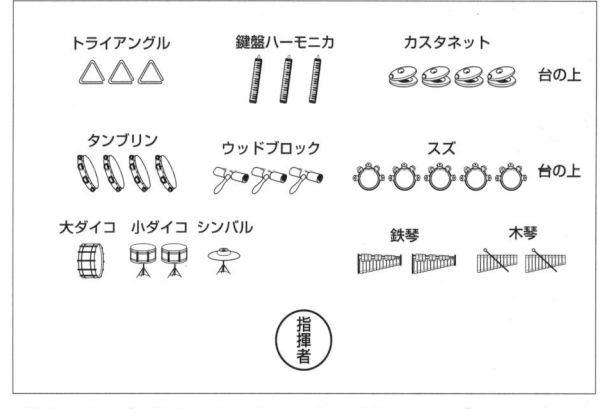

5歳児　スズ…5人、カスタネット…4人、タンブリン…4人
トライアングル…3人、ウッドブロック…3人
シンバル…1人、小ダイコ…2人、大ダイコ…1人
鉄琴、木琴…各2人、鍵盤ハーモニカ…3人

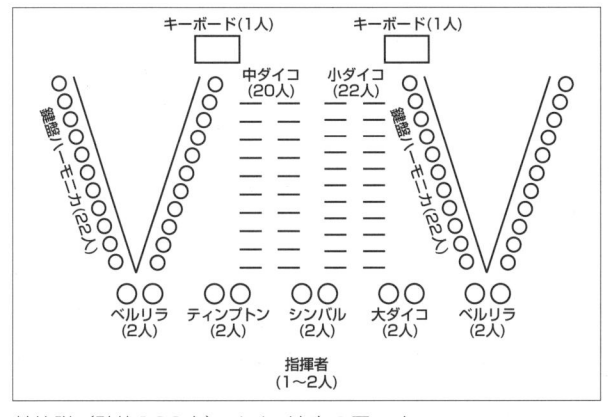

鼓笛隊（計約100人）メイン演奏の図です。

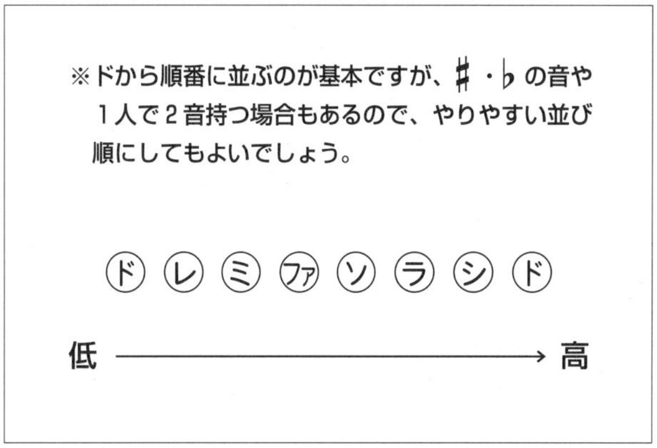

※ドから順番に並ぶのが基本ですが、♯・♭の音や1人で2音持つ場合もあるので、やりやすい並び順にしてもよいでしょう。

ド　レ　ミ　ファ　ソ　ラ　シ　ド
低　――――――――――→　高

ハンドベル

世界に一つだけの花（2歳児用）

はなやのーみせさきーに ならーんだ いろんーなはなーを みてーいた ひとそれーぞれ このみは あるーけど どれもーみんなー きれいだね ラララララララ ラララララララ ラララ ラ

世界に一つだけの花（3歳児用-①）

世界に一つだけの花（3歳児用-②）

あらそーうこ とー も しー ないで バ ケーツー の なか ー ほ こ らしげに

しゃんと ー むね を ー は っ て ー いる それ な ー のに ぼ く ー ら にんげ ー ん は

どうしてこうも ー く らべ た ー がる？ ひとり ー ひとりちがうのに その な ー か で い

世界に一つだけの花（3歳児用-③）

世界に一つだけの花（3歳児用-④）

世界に一つだけの花（4歳児用-①）

世界に一つだけの花（4歳児用-②）

どれも－みんな－きれいだね　このなか－でだれが－いちばんだなんて

あらそ－うこ－ともしな－いで　バケーツのなか－ほ　こ　らしげに

世界に一つだけの花（4歳児用-③）

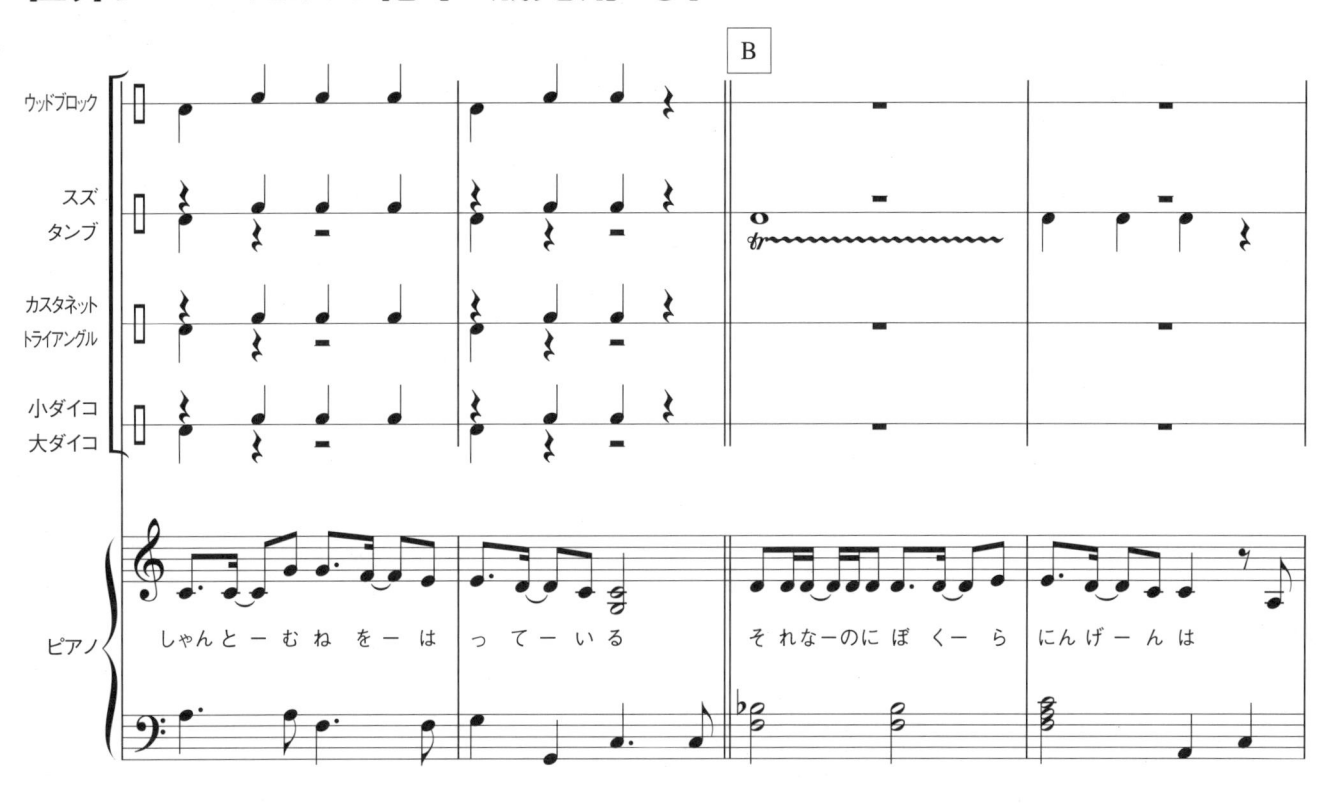

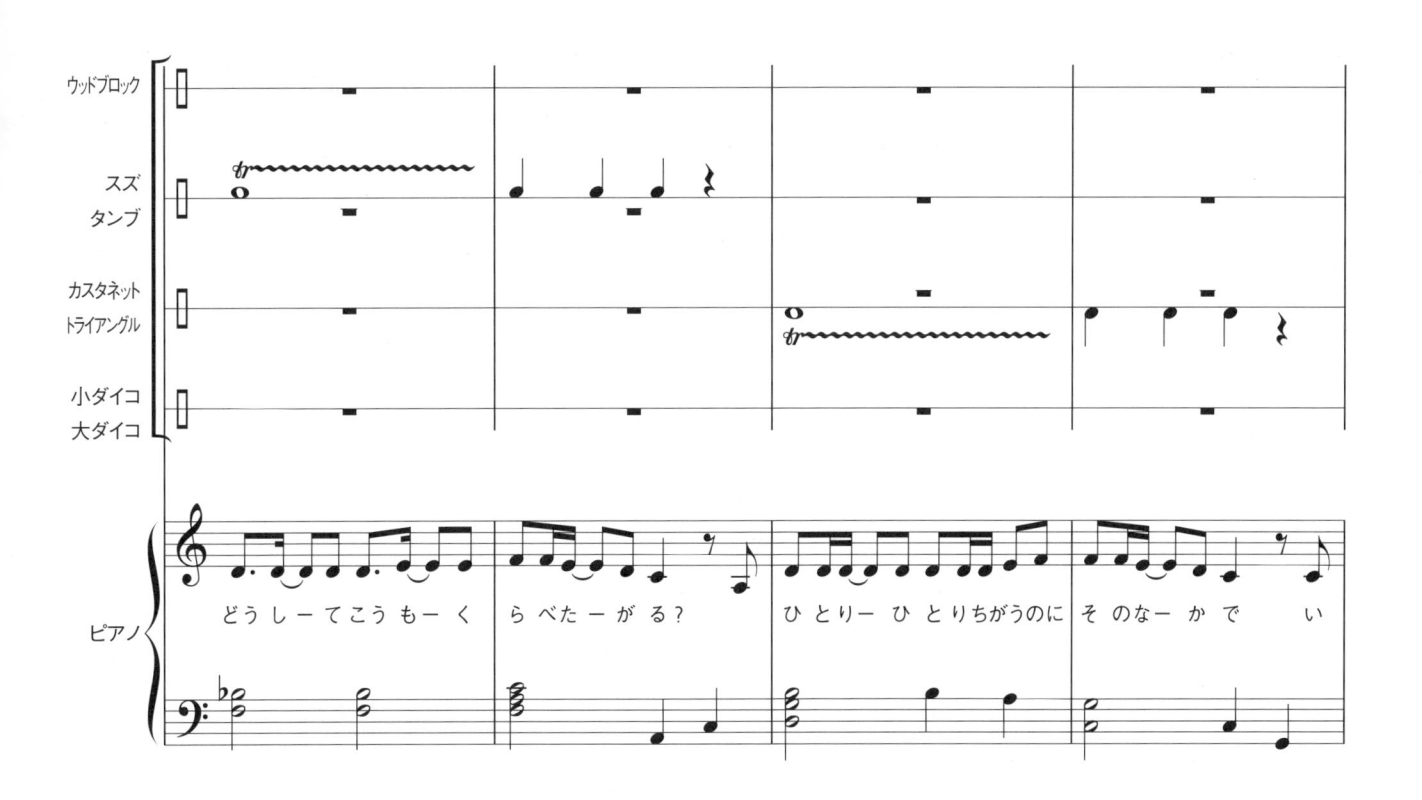

世界に一つだけの花（4歳児用-④）

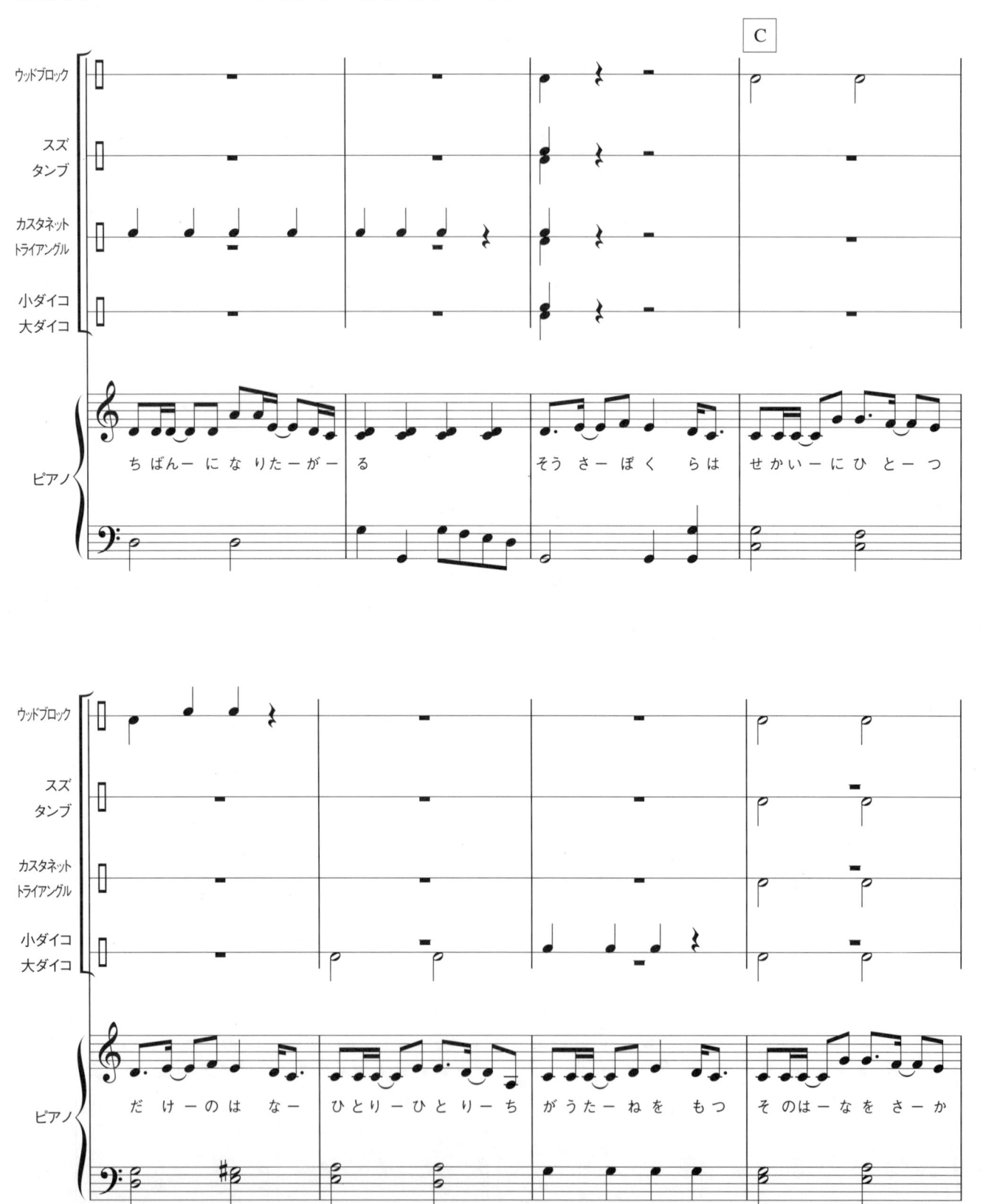

世界に一つだけの花（4歳児用-⑤）

せるこー と だ けに　いっしょー うけんめい ー に　なれば ー い い　ラ ラーララ ラーラ

ラ ラーララ ラ ラ　ラ ラーララ ラーラ　ラ ラ ラ ラー

世界に一つだけの花（5歳児用-①）

世界に一つだけの花（5歳児用-②）

世界に一つだけの花（5歳児用-③）

世界に一つだけの花（5歳児用-④）

世界に一つだけの花（5歳児用-⑤）

(歌詞)
せるこーとだ けに いっしょーうけんめいーに なればーいい ちいさーいは なーや
おおきーなは な ひとつーとしてーおな じものーはな いから ナンバーワンにーな

世界に一つだけの花（5歳児用-⑥）

世界に一つだけの花（鼓笛隊用-①）

世界に一つだけの花（鼓笛隊用-②）

世界に一つだけの花（鼓笛隊用-③）

世界に一つだけの花（ハンドベル用）

2〜5歳 和太鼓を各年齢で

並び方の例

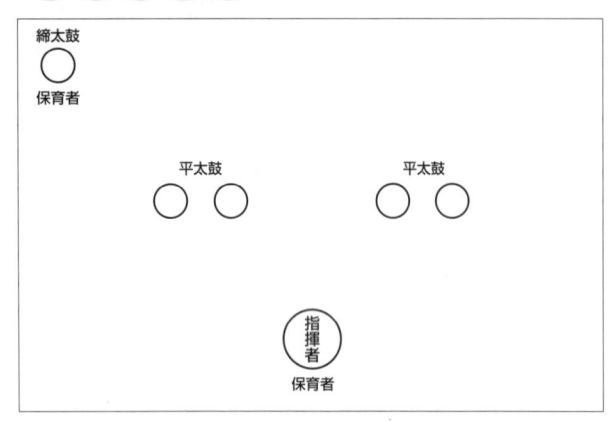

2歳児（ゴロピカドン）→4人
- 締太鼓 保育者
- 平太鼓（2台）
- 指揮者 保育者

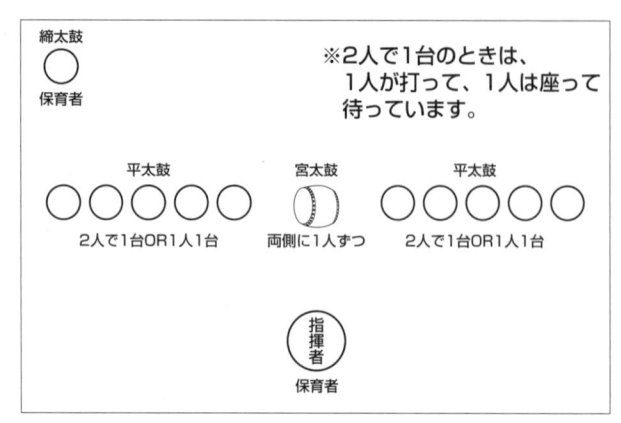

3歳児（大きなたいこ）→10人(18人)
※2人で1台のときは、1人が打って、1人は座って待っています。
- 締太鼓 保育者
- 平太鼓（2人で1台OR1人1台）／宮太鼓（両側に1人ずつ）／平太鼓（2人で1台OR1人1台）
- 指揮者 保育者

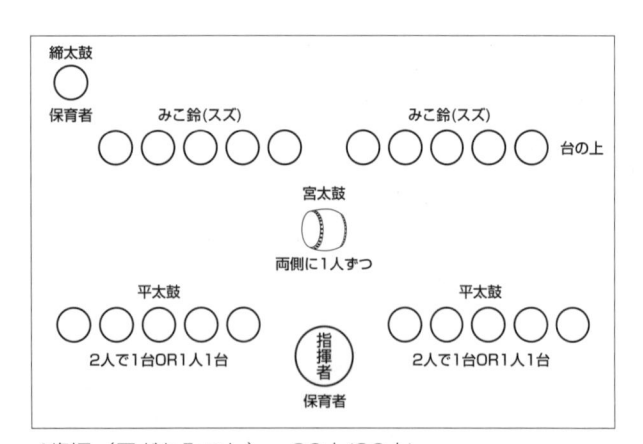

4歳児（子どもみこし）→22人(32人)
- 締太鼓 保育者
- みこ鈴(スズ)／みこ鈴(スズ)　台の上
- 宮太鼓（両側に1人ずつ）
- 平太鼓（2人で1台OR1人1台）／平太鼓（2人で1台OR1人1台）
- 指揮者 保育者

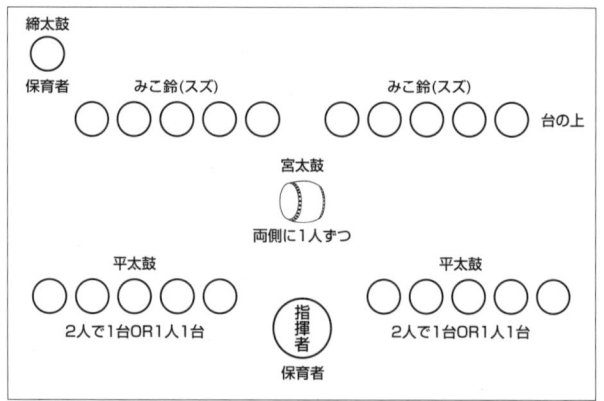

4歳児（たいこ）→22人(32人)
- 締太鼓 保育者
- みこ鈴(スズ)／みこ鈴(スズ)　台の上
- 宮太鼓（両側に1人ずつ）
- 平太鼓（2人で1台OR1人1台）／平太鼓（2人で1台OR1人1台）
- 指揮者 保育者

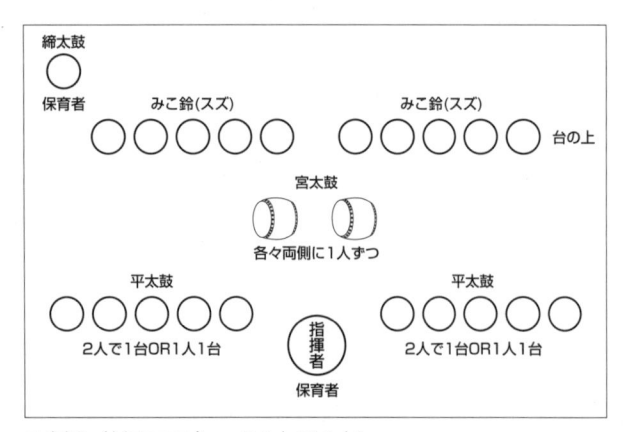

5歳児（村まつり）→24人(34人)
- 締太鼓 保育者
- みこ鈴(スズ)／みこ鈴(スズ)　台の上
- 宮太鼓（各々両側に1人ずつ）
- 平太鼓（2人で1台OR1人1台）／平太鼓（2人で1台OR1人1台）
- 指揮者 保育者

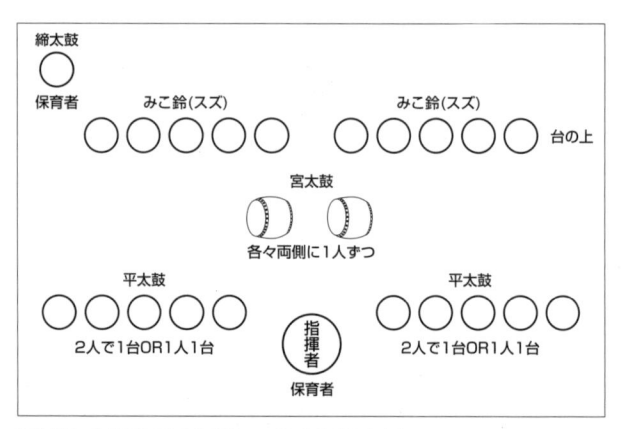

5歳児（お江戸日本橋）→24人(34人)
- 締太鼓 保育者
- みこ鈴(スズ)／みこ鈴(スズ)　台の上
- 宮太鼓（各々両側に1人ずつ）
- 平太鼓（2人で1台OR1人1台）／平太鼓（2人で1台OR1人1台）
- 指揮者 保育者

和太鼓について

　各楽器がないときは、宮(長胴)太鼓を大ダイコ、平(平胴)太鼓を小ダイコ、みこ鈴(神社のお神楽などで巫女が持つ鈴)をスズでもできます。3歳で、ばち二本が無理なら、一本でもよいです。

　掛け声(ソーレ、ハイハイ、ドッコイショーなど)をかけ、元気に行ないましょう。

　締太鼓は、保育者がやってあげるとよいでしょう。基本的なリズムを、みんなが聞き取れるように打ちましょう。

　ピアノの伴奏をかきましたが、ピアノなしでみんなでうたいながら行なってもよいです。

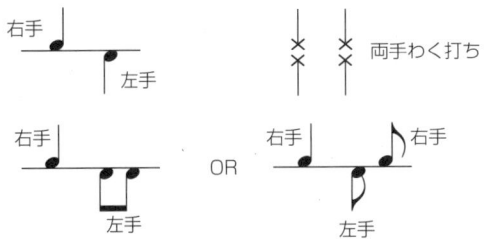

と打ってもよいです。

演奏方法

　保育者が締太鼓でリズム(♪♫)を取り、そのリズムで入場してきてもよいです。

合図(例えば♪♪)で子どもたちは打つ用意をします。
　　　　ド ドン

保育者は、8拍打ち

で始めます。

　平太鼓一台を2人で使う場合は、かまえのポーズで待っていて、交替して行ないましょう。

例　　♩　♪　♩　♪　｜♩.　♪　♪　｜
　　右手打ち 左手横 右手打ち 右手横　右手打ち 左手打ち 右手打ち

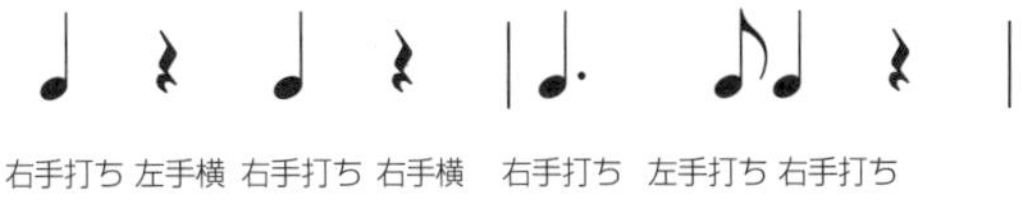

　いろいろなポーズが考えられます。全体に締太鼓でリズムを打ってあげると、宮太鼓、平太鼓も打ちやすいので、保育者が締太鼓を担当してください。

締太鼓

宮太鼓

※62ページも参照してください。

平太鼓リズム

基本のリズムを練習しましょう。

平太鼓

- A・Bは、2人組(一台に2人)を表します。
- ①②③のリズムを組み合わせれば、長く続けられます。続けるときは最後だけ ヤー にして、途中は ♩ にしてください。

215

和太鼓・2歳児・ゴロピカドン（作詞・作曲／佐藤千賀子）

かみなりさんが うんてんしゅ あっちでゴロゴロゴロ こっちでピカピカピカ
とおくでゴロゴロゴロ ちかくでピカピカピカ よりみちばかりで ゴロ ピカ ドン

和太鼓・3歳児・おおきなたいこ-① （作詞／小林純一・作曲／中田喜直・編曲／佐藤千賀子）

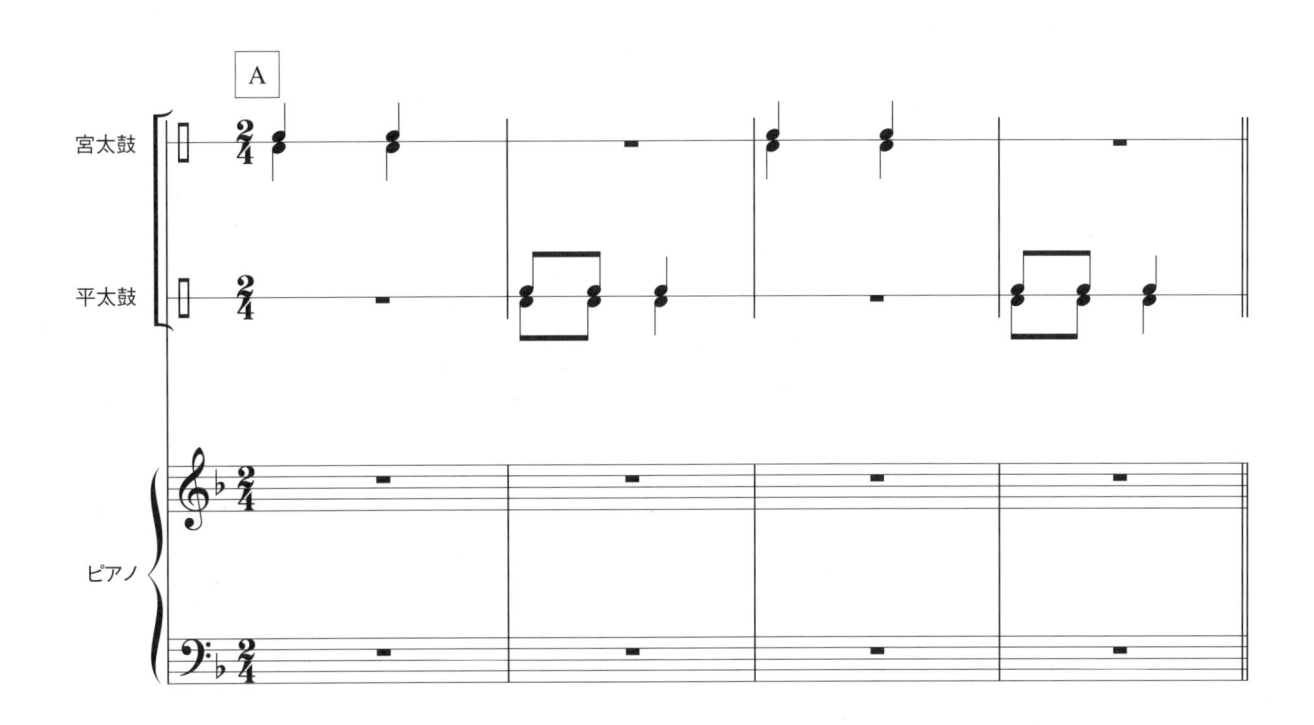

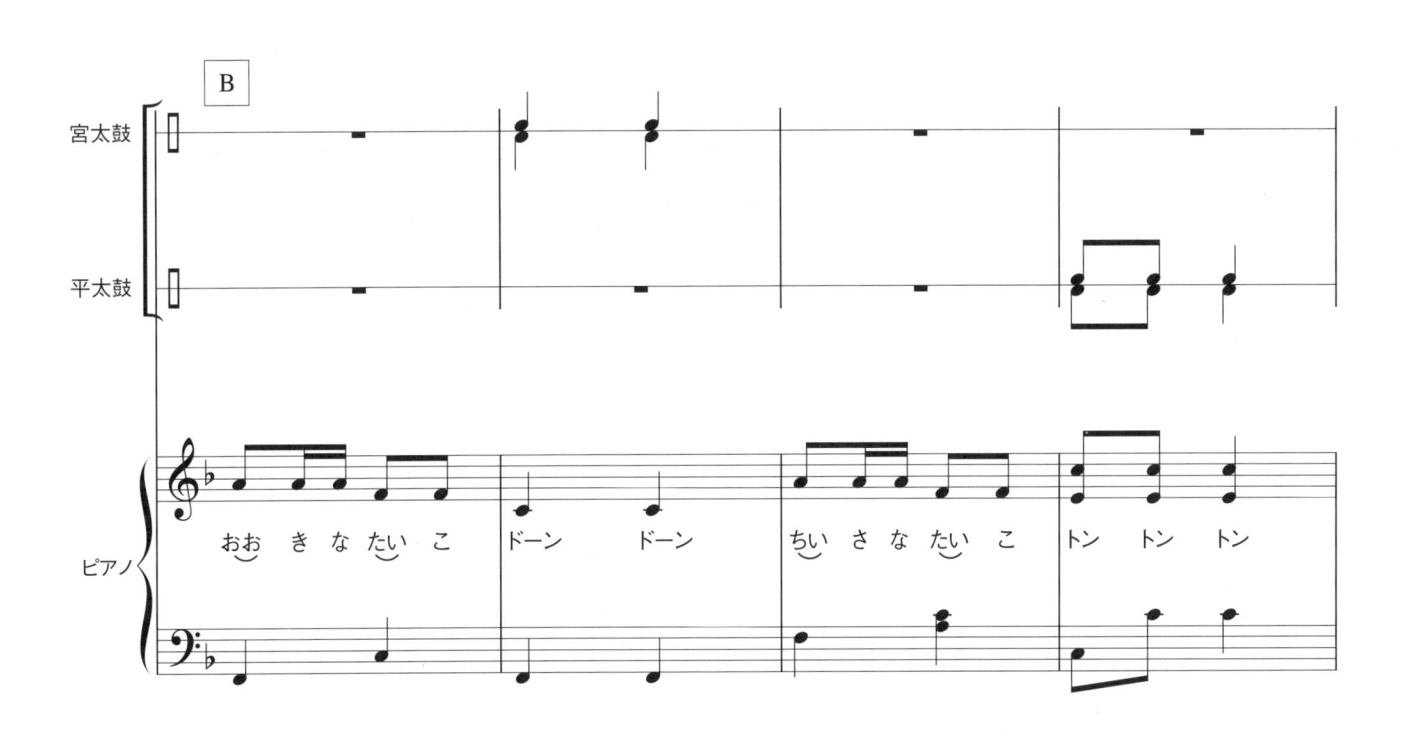

おおきなたいこ　ドーン　ドーン　ちいさなたいこ　トン　トン　トン

和太鼓・3歳児・おおきなたいこ-②

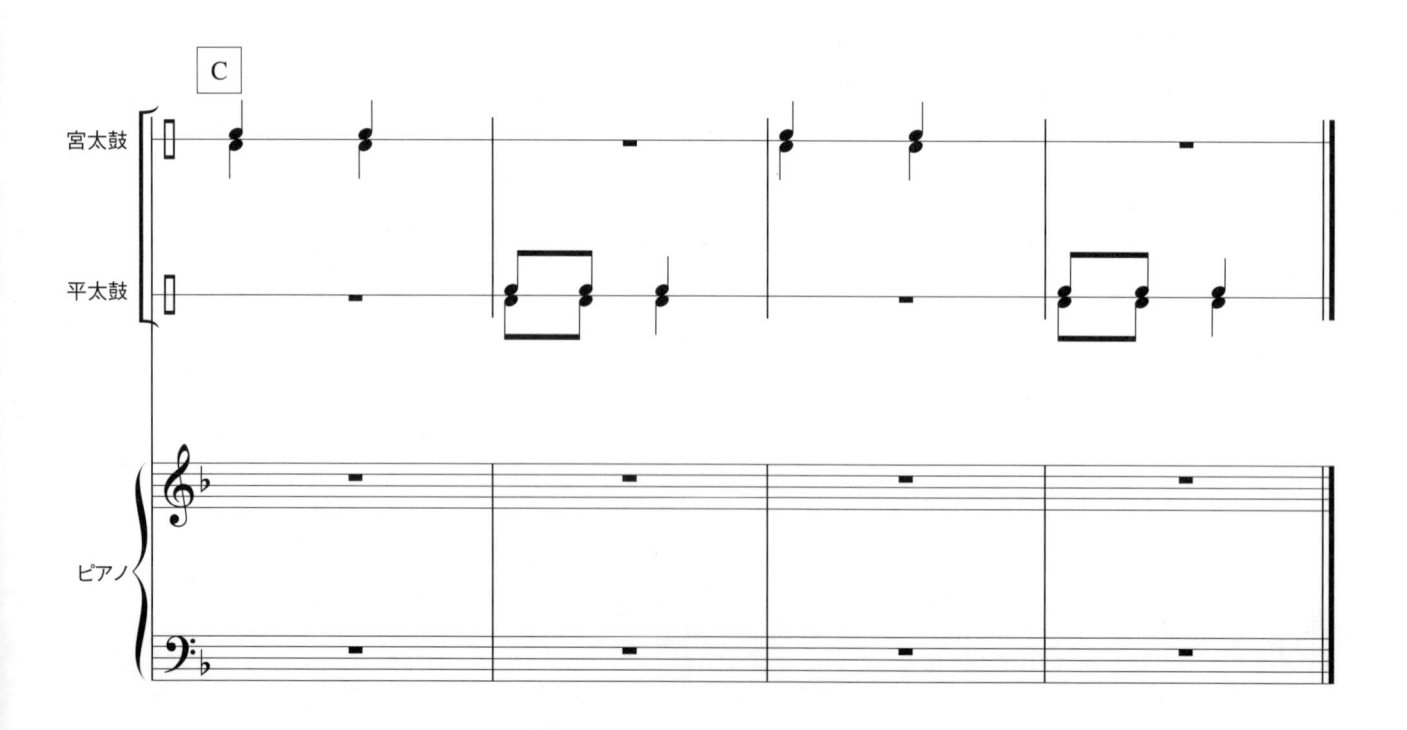

おお き な たい こ　ちい さ な たい こ　ドーン　ドーン　トン　トン　トン

和太鼓・4歳児・子どもみこし-① （作詞／葛原しげる・作曲／中田喜直・編曲／佐藤千賀子）

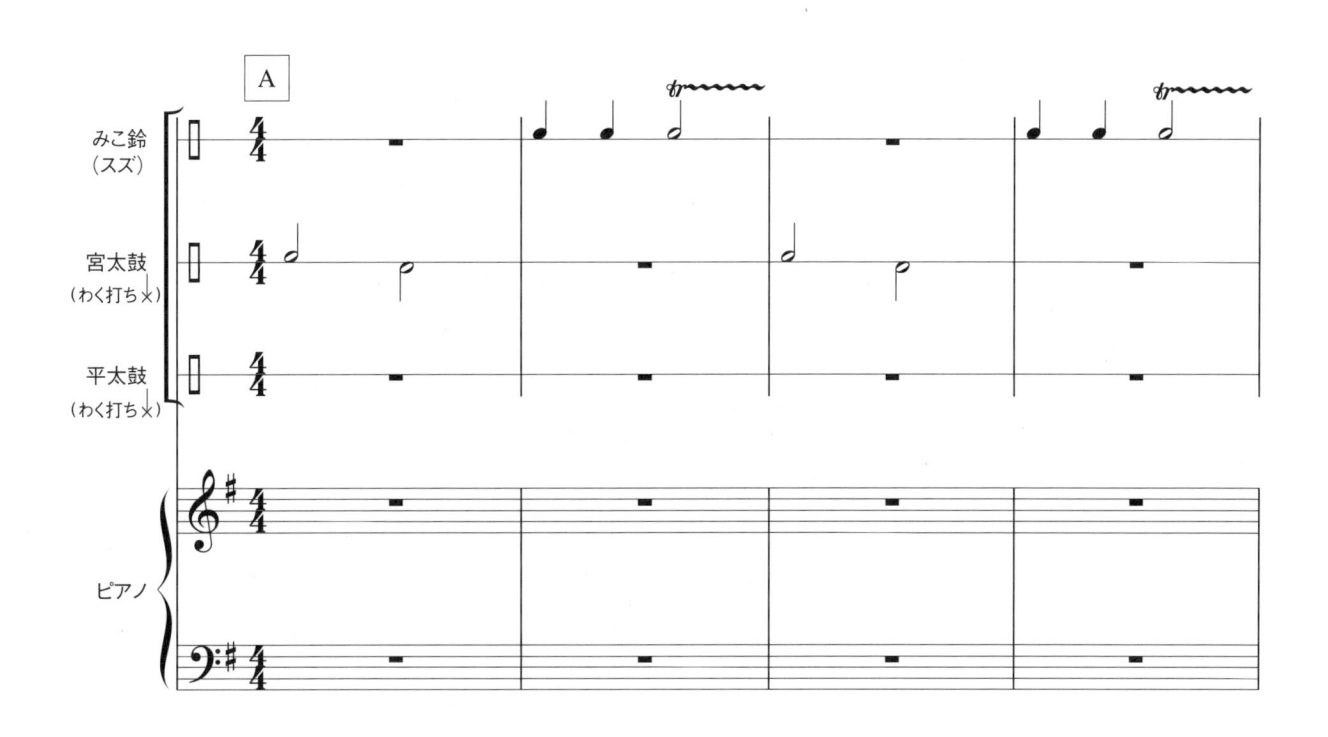

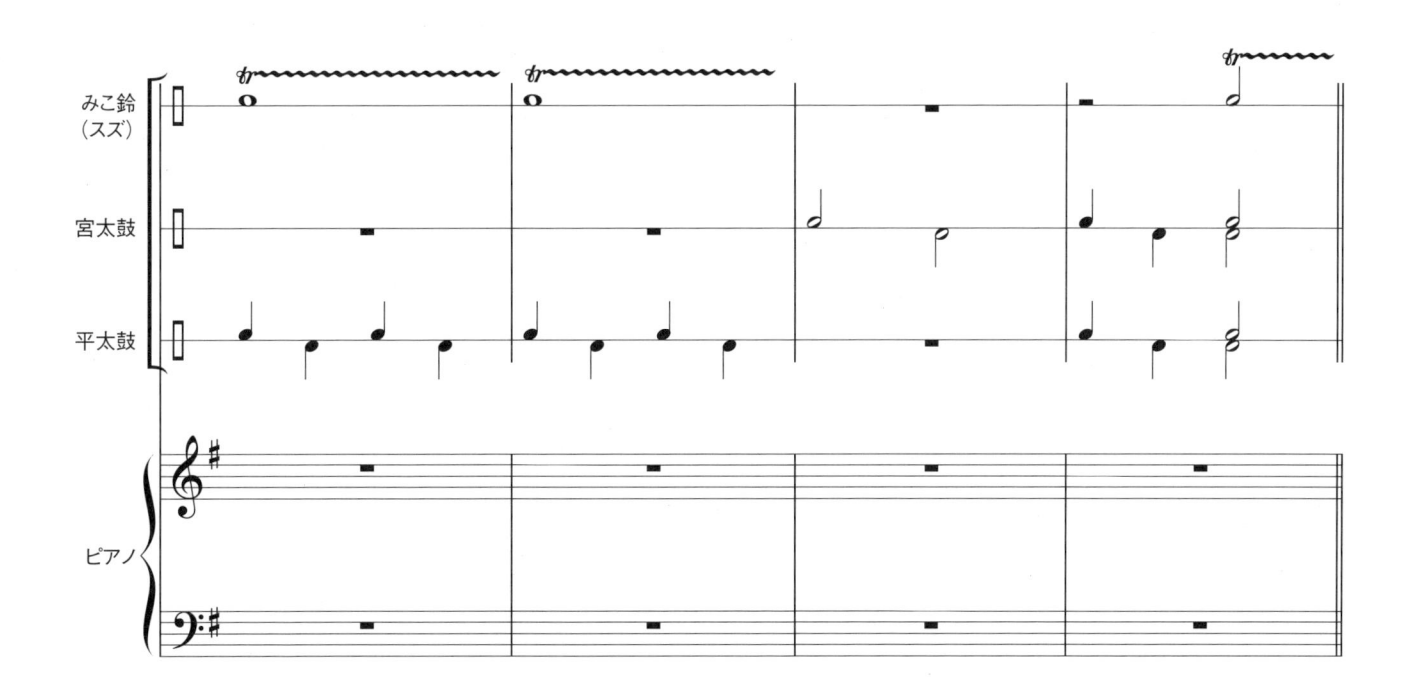

和太鼓・4歳児・子どもみこし-②

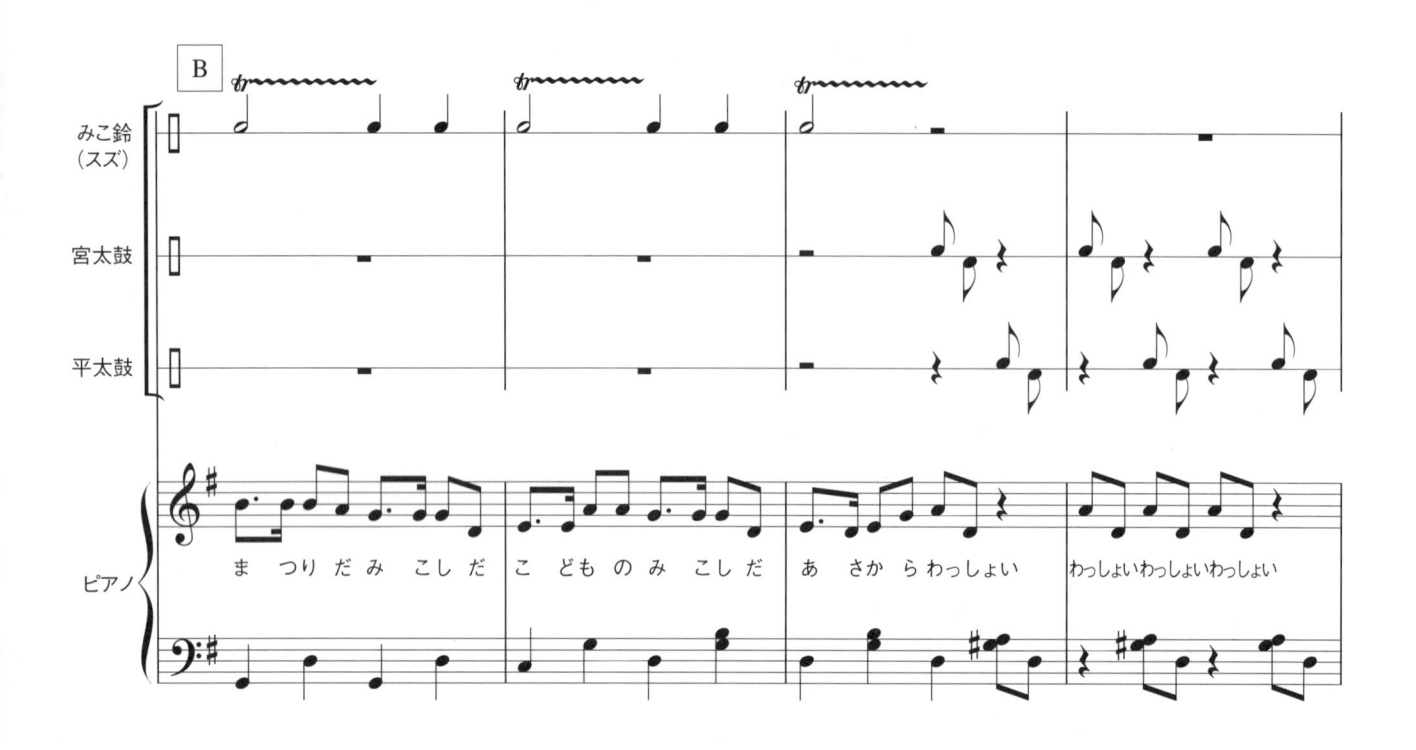

まつりだみこしだ　こどものみこしだ　あさからわっしょい　わっしょいわっしょいわっしょい

おひさまぎらぎら　にほんばれ　ぎらぎらまぶしい　ぎんかなぐ

和太鼓・4歳児・子どもみこし-③

わっしょい　わっしょい　わっしょいわっしょいわっしょいわっしょい

和太鼓・4歳児・たいこ-① （作詞／不詳・作曲／ハイドン・編曲／佐藤千賀子）

※西洋の曲ですが、あえて和太鼓でやってみましょう。

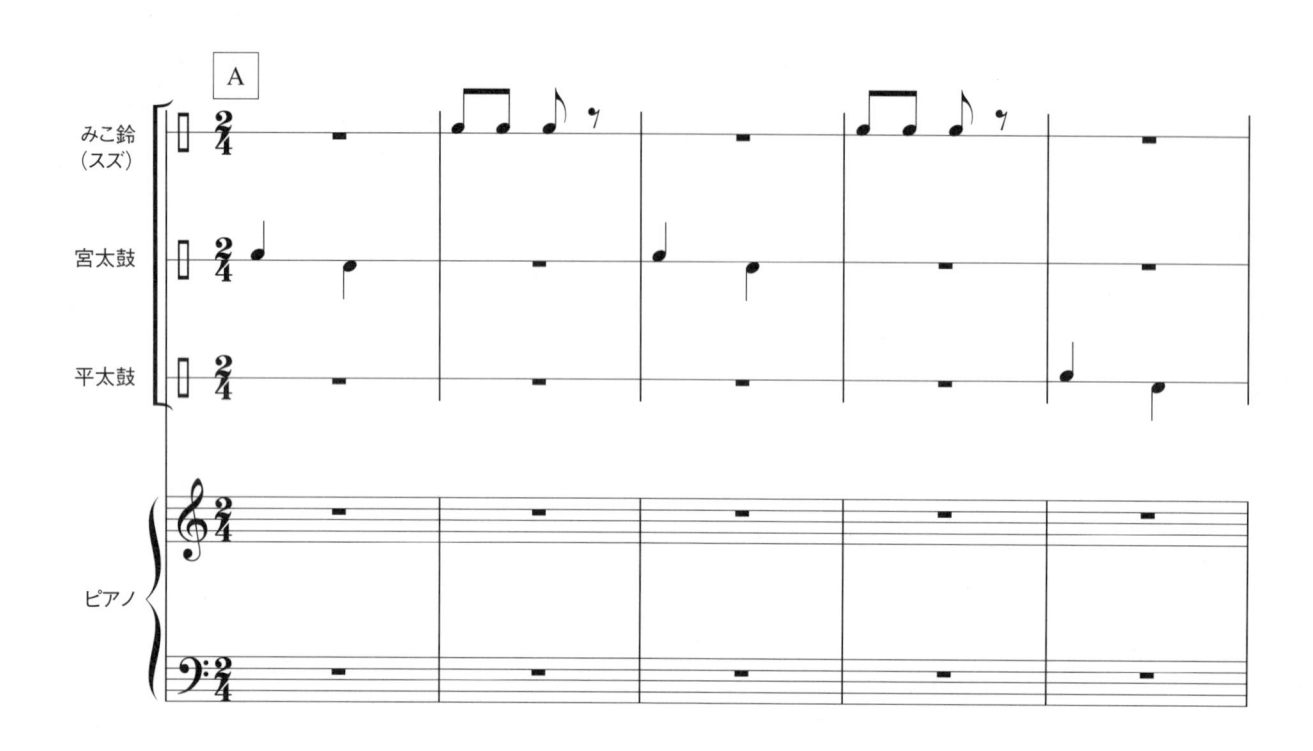

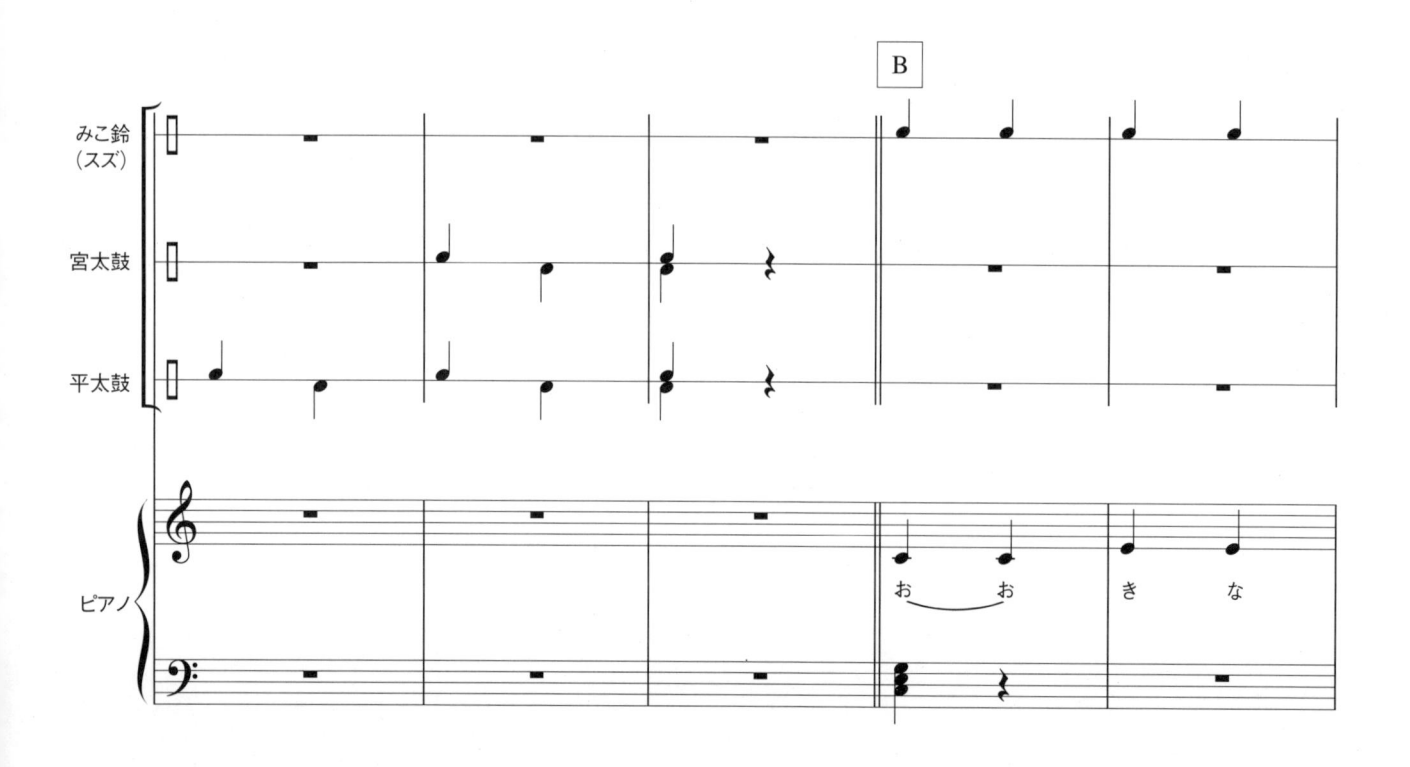

和太鼓・4歳児・たいこ-②

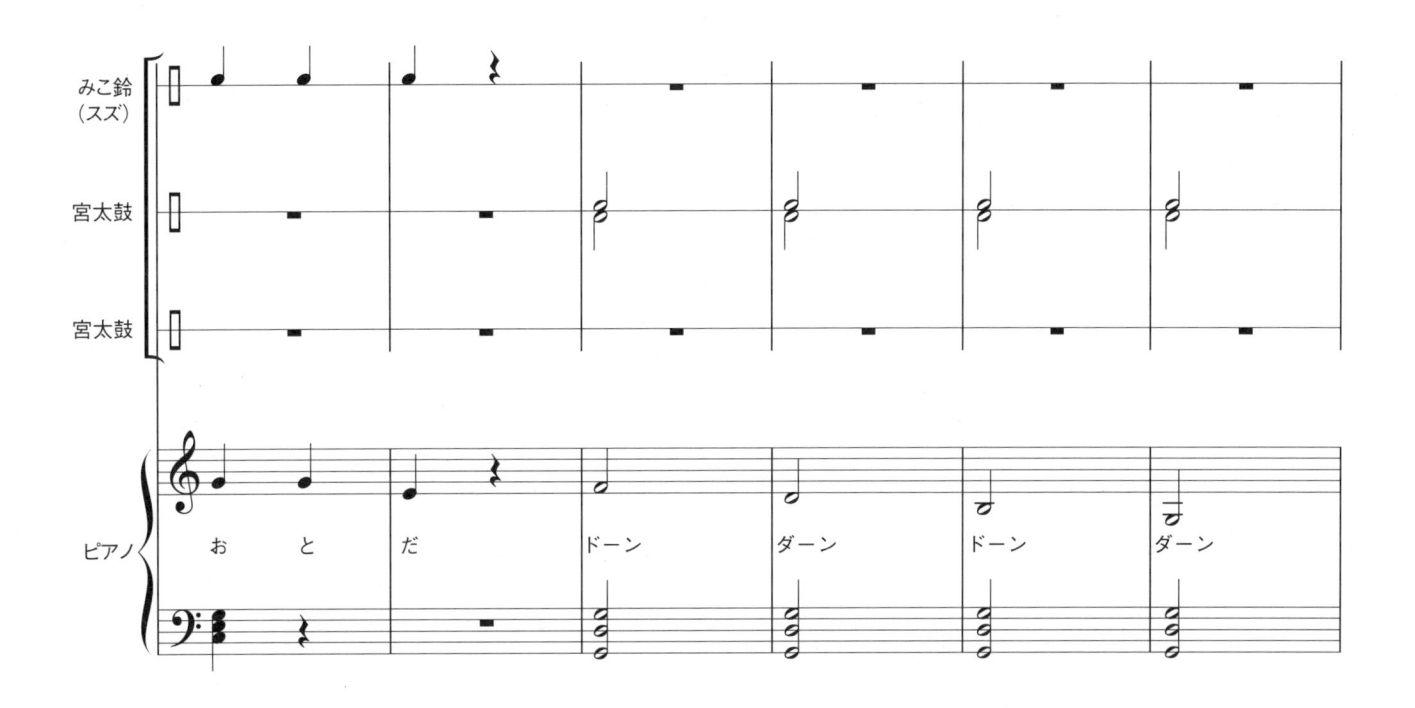

おと だ ドーン ダーン ドーン ダーン

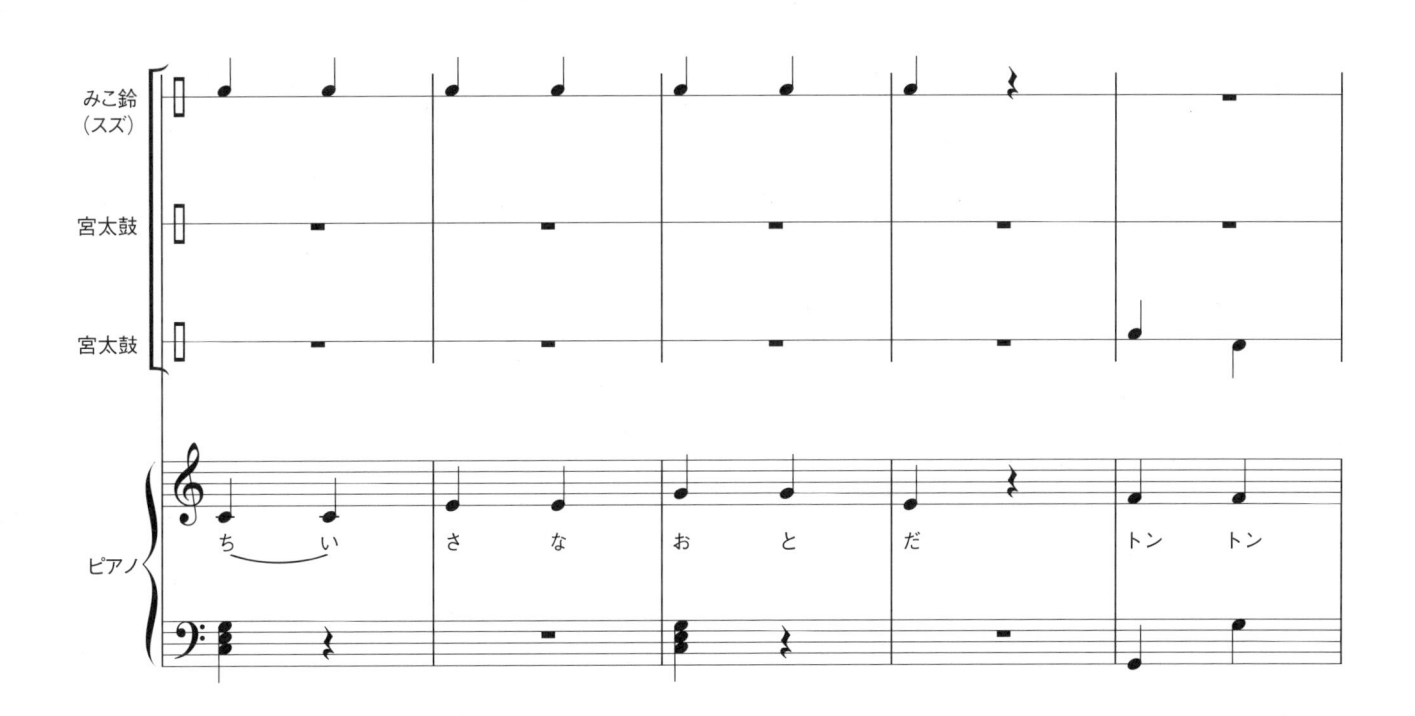

ちいさな おと だ トン トン

和太鼓・4歳児・たいこ-③

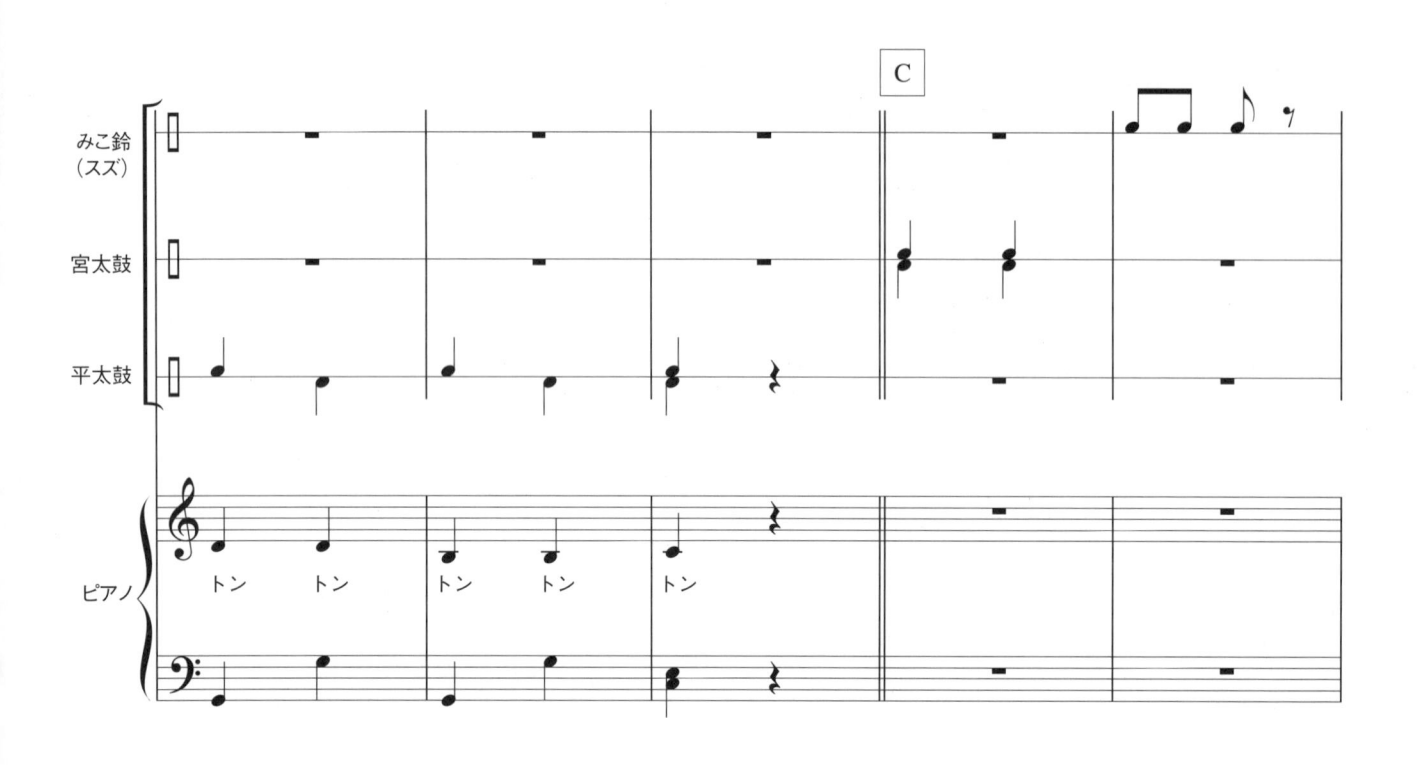

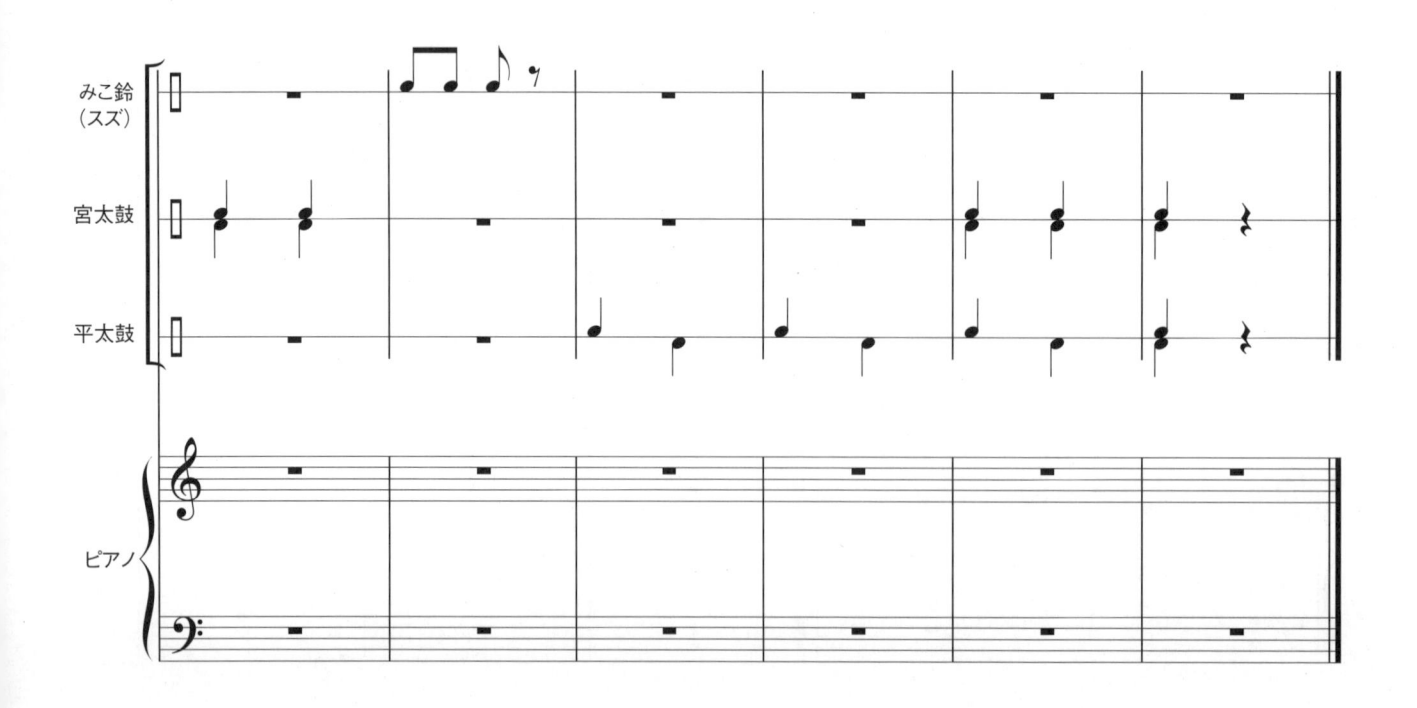

和太鼓・5歳児・村まつり-① （文部省唱歌・編曲／佐藤千賀子）

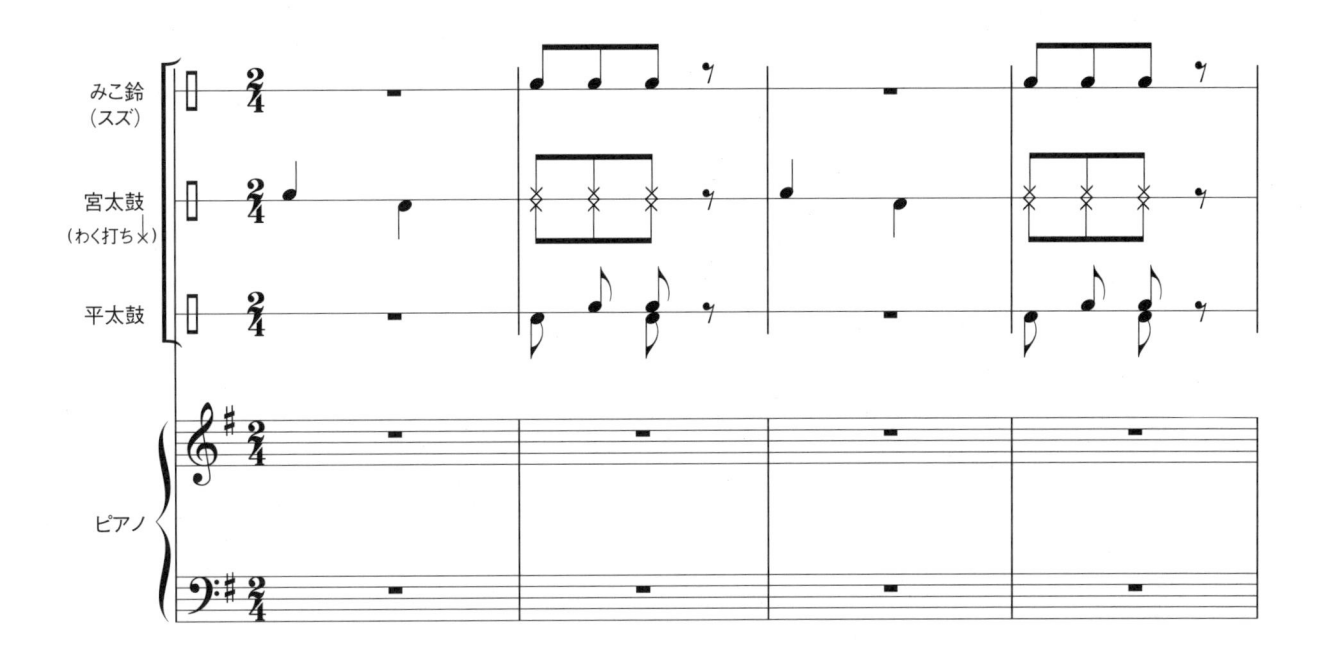

和太鼓・5歳児・村まつり-②

むらのちんじゅのかみさまの

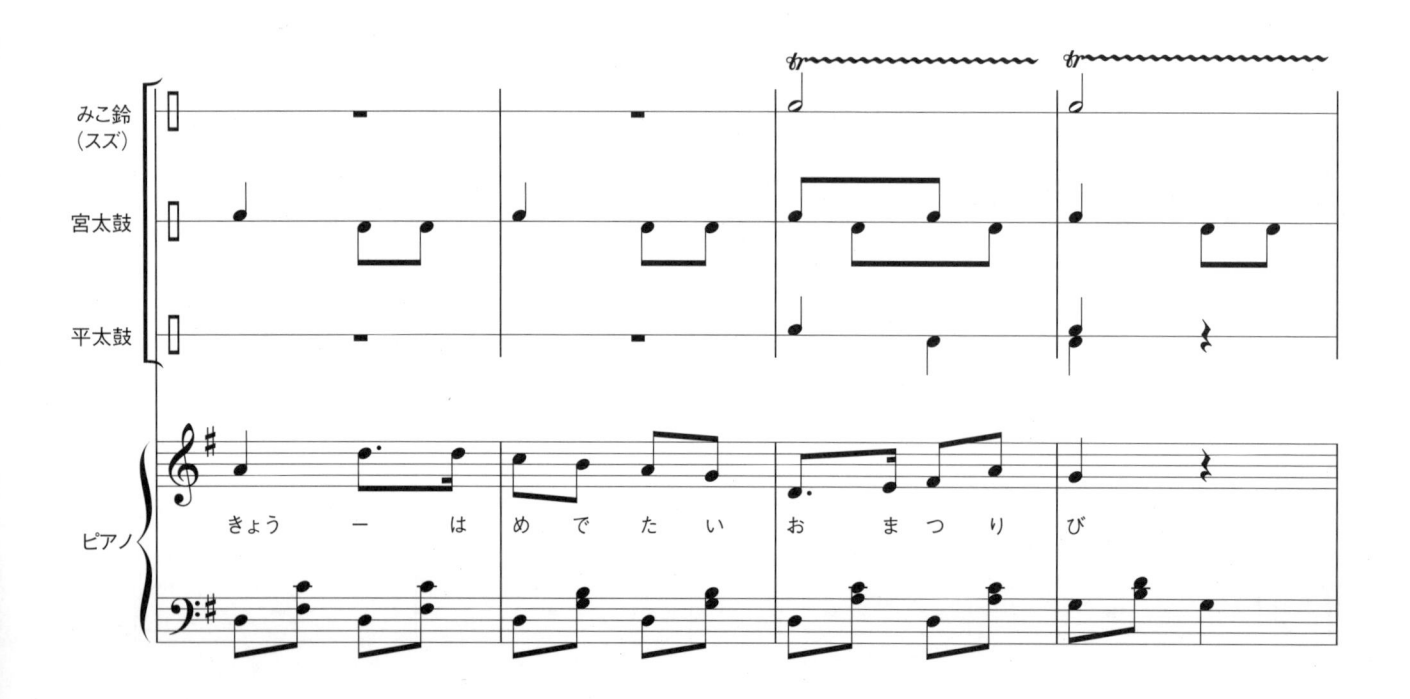

きょう―はめでたいおまつりび

和太鼓・5歳児・村まつり-③

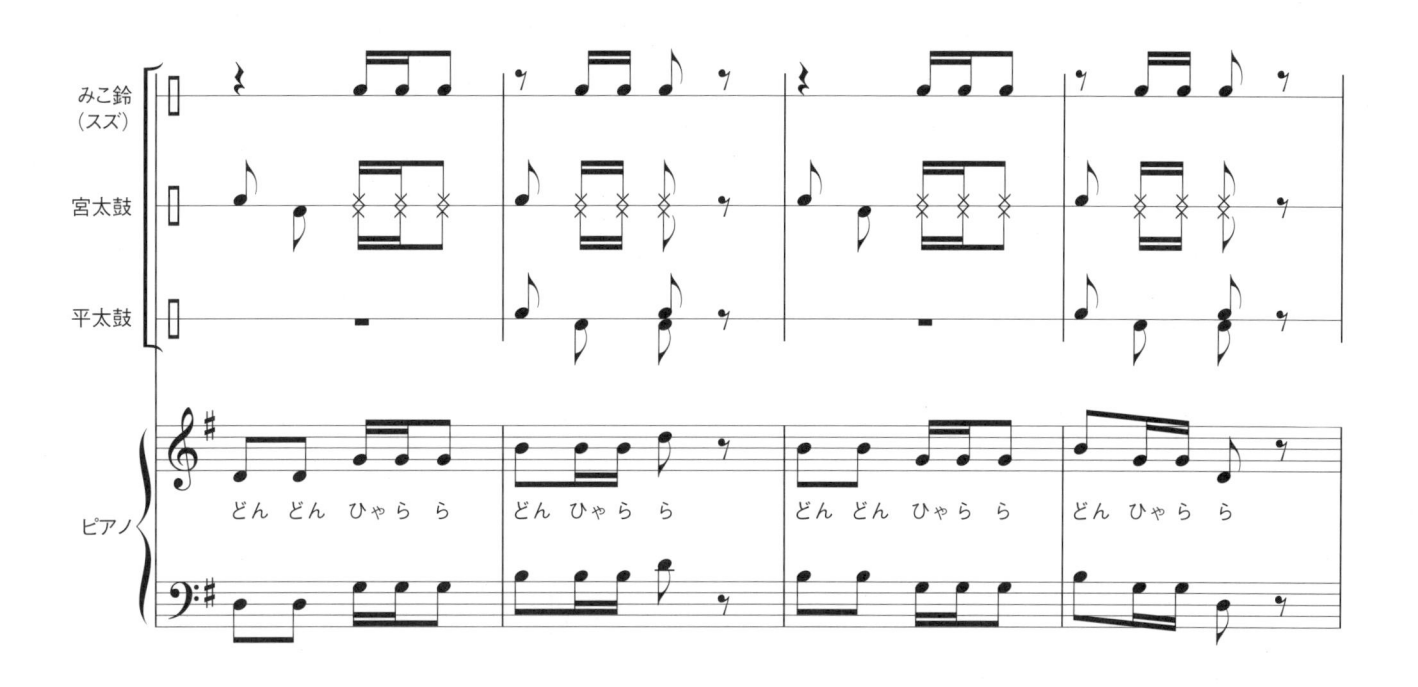

和太鼓・5歳児・村まつり-④

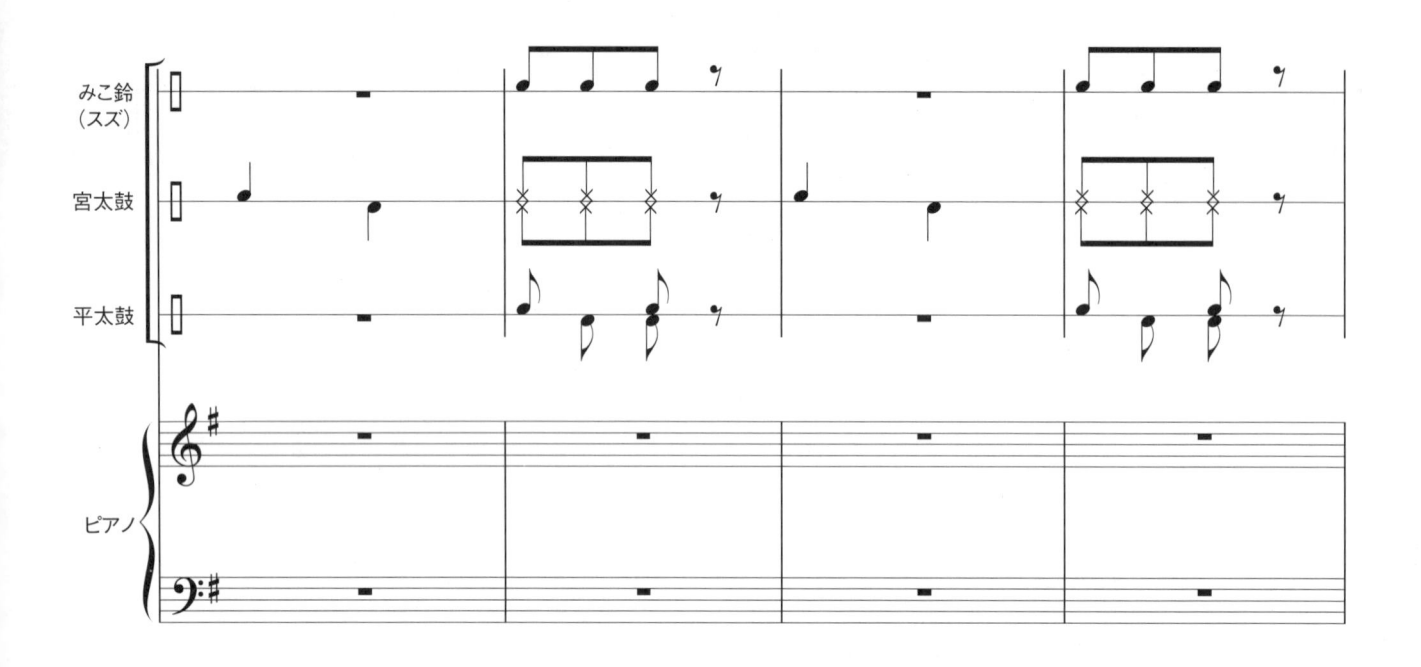

和太鼓・5歳児・お江戸日本橋-① （日本民謡・編曲／佐藤千賀子）

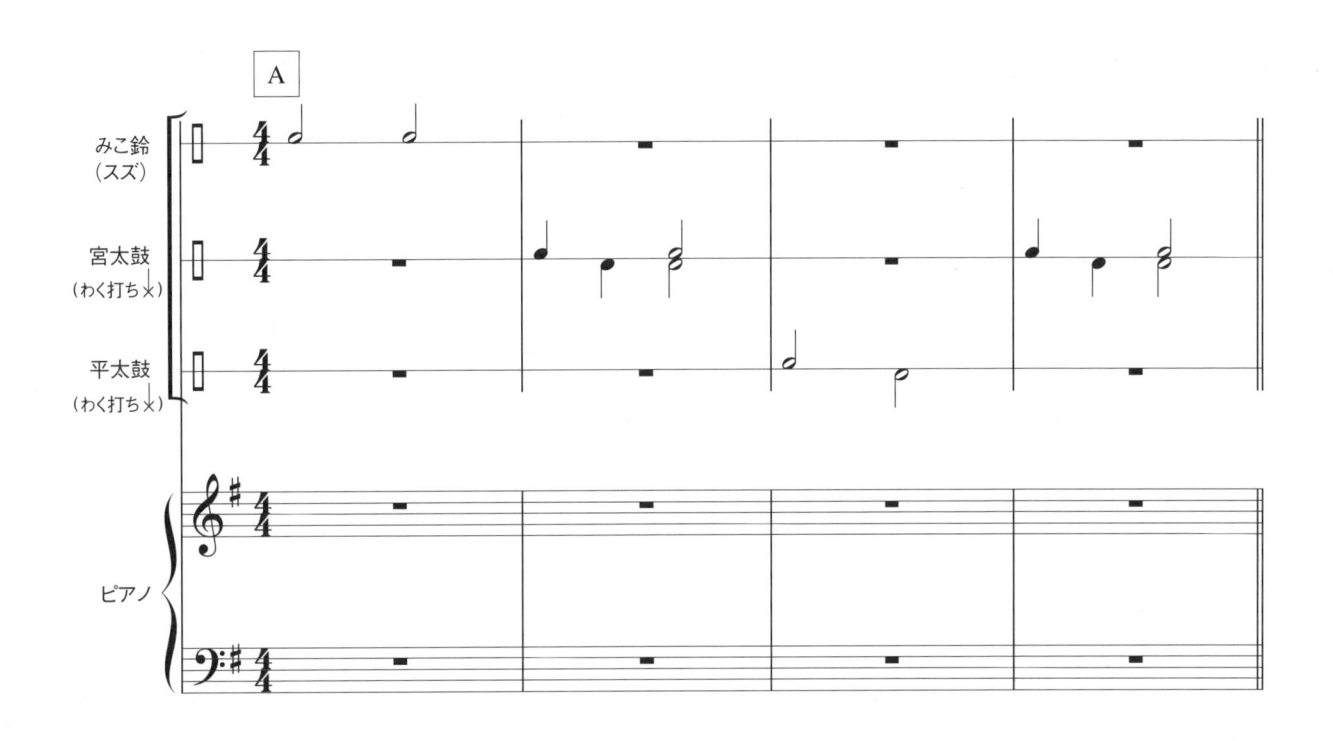

和太鼓・5歳児・お江戸日本橋-②

歌詞:
はつのぼり ぎょうれつそろえて
アレワイサノサ コチャたかなわよあけて

和太鼓・5歳児・お江戸日本橋-③

ちょうちん　けーす　コ　チャ　エ　コ　チャ

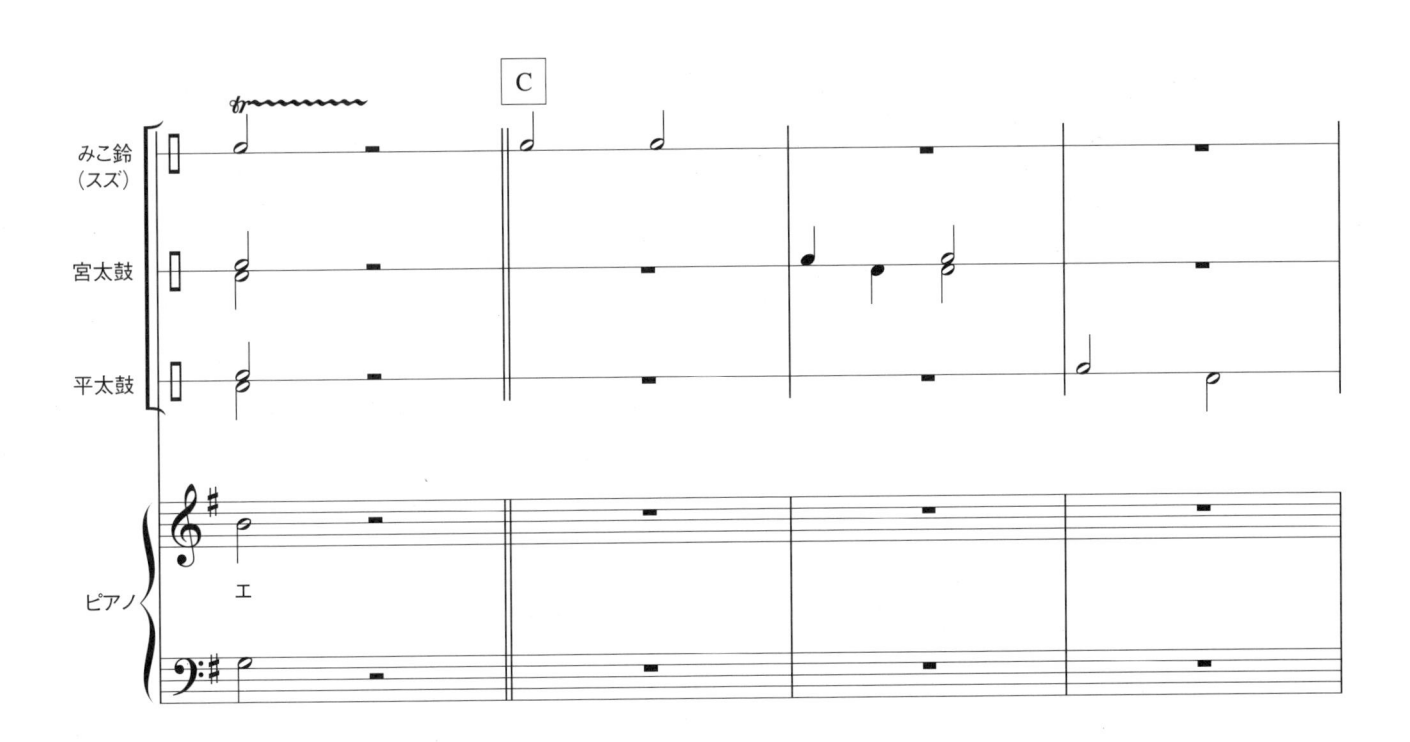

エ

和太鼓・5歳児・お江戸日本橋-④

付録 子どもの合奏について

子どもの音楽表現

　子どもには決められた動きはなく、リズムを聞き→音楽を聴き→どう感じ→どう表現したいか。という行動をとります。そのためは即時的反応力、集中力、感受性を身につけ、聞こえたものをすぐ表現できるように、子ども自身のコントロールが必要になってきます。

　ことばの"語い"と同様に、音楽を表現するにはリズム、メロディー、ハーモニーが基本になります。

リズムの基本

　リズムの基本は、四つに分けることができます。

①3拍打ち

ことばで…りんご・みかん・いちご　など
曲で………ぶんぶんぶん・ちゅうりっぷ

②細分化

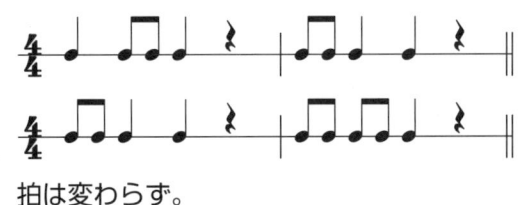

拍は変わらず。

③バッテリー（組み合わせ）のリズム

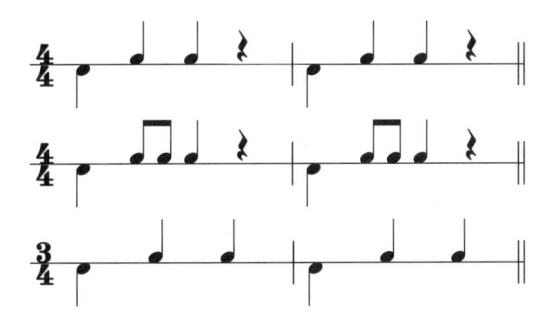

④リズムのフレーズ（3拍打ちの延長）

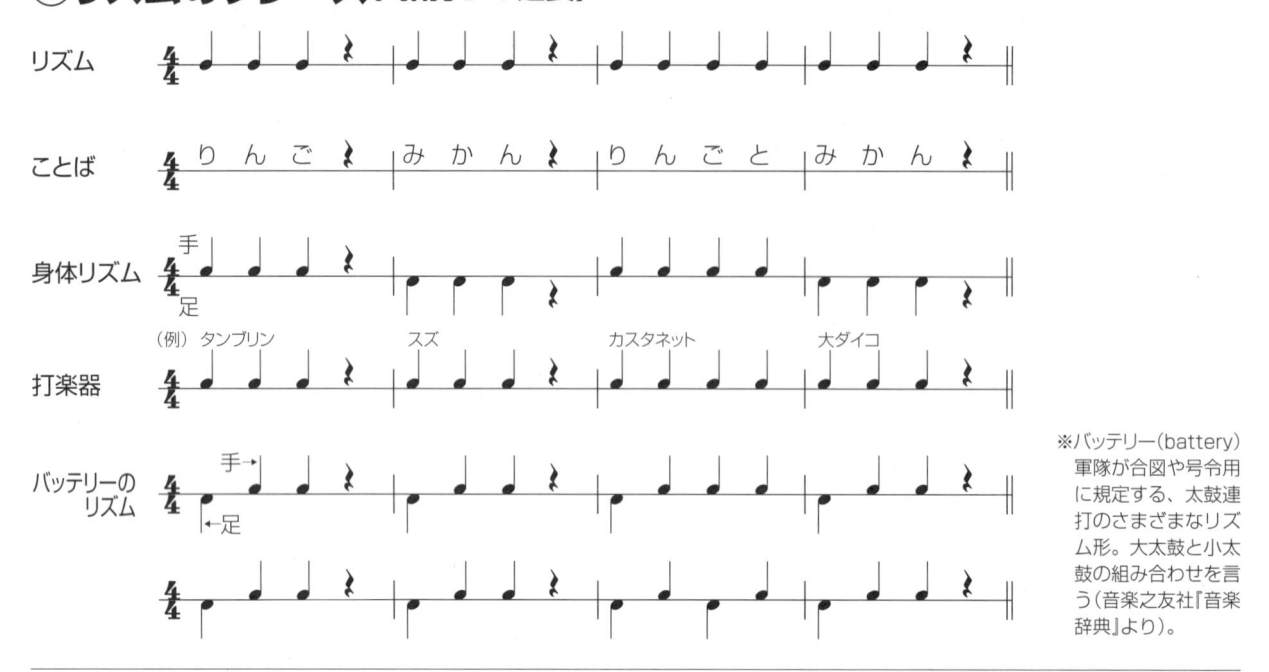

リズム

ことば　りんご　みかん　りんごと　みかん

身体リズム　手／足

打楽器　（例）タンブリン　スズ　カスタネット　大ダイコ

バッテリーのリズム　手→／足→

※バッテリー（battery）
軍隊が合図や号令用に規定する、太鼓連打のさまざまなリズム形。大太鼓と小太鼓の組み合わせを言う（音楽之友社『音楽辞典』より）。

楽譜をアレンジするとき

　アレンジしたい曲を、リズムの基本④リズムのフレーズの「バッテリーのリズム」に合わせてうたいながら、手と足で行なってみましょう。それが基本のリズムになります。

足のパート…大太鼓　タンブリン　トライアングル
手のパート…小太鼓　　鈴　　　カスタネット
ウッドブロック…♩♩♩,♩♩♩♩
　　　　　　　左右右　左右左右

　このようにパートを作っていくと、基本的なアンサンブルがしあがります。
　その上で**相乗作用**（より効果的）と**相殺作用**（効果を減少させる）を考えて、楽器の組み合わせをアレンジしてください。

例　木琴×カスタネット
　　鉄琴×トライアングル
　　は相殺作用になります。

導入方法

①歌を中心に進めます。歌があるものは**先行学習**として歌を教え、全体の基本になっているリズムパターンを全員で行ないます。
②バッテリーのリズム（足と手）を全員が体験し、そこから楽器に分かれて行ないます。
③有音程楽器を加えます。
④初めはテンポを遅めにし、ほかのパートも聴くようにしながらまとめていきます（徐々にテンポアップで）。
⑤保育者の指揮をちゃんと見ながら演奏できるようにします。
⑥表現要素（強弱、速度、音色）に注意します。
⑦良い音、良い演奏を目ざして行ないます。

伴奏と指揮

練習始めの伴奏はカセットテープでもかまいませんが、**カウント**を入れてから録音してください。同じカセットテープに何回も入れておくと便利です。

クラスの担任が、ふだんの練習通り指揮することで子どもたちも落ち着くので、伴奏はほかの保育者にお願いすると、スムーズに進みます（お互いのクラスを交換して伴奏すると、総合練習もしやすいです）。

伴奏と指揮

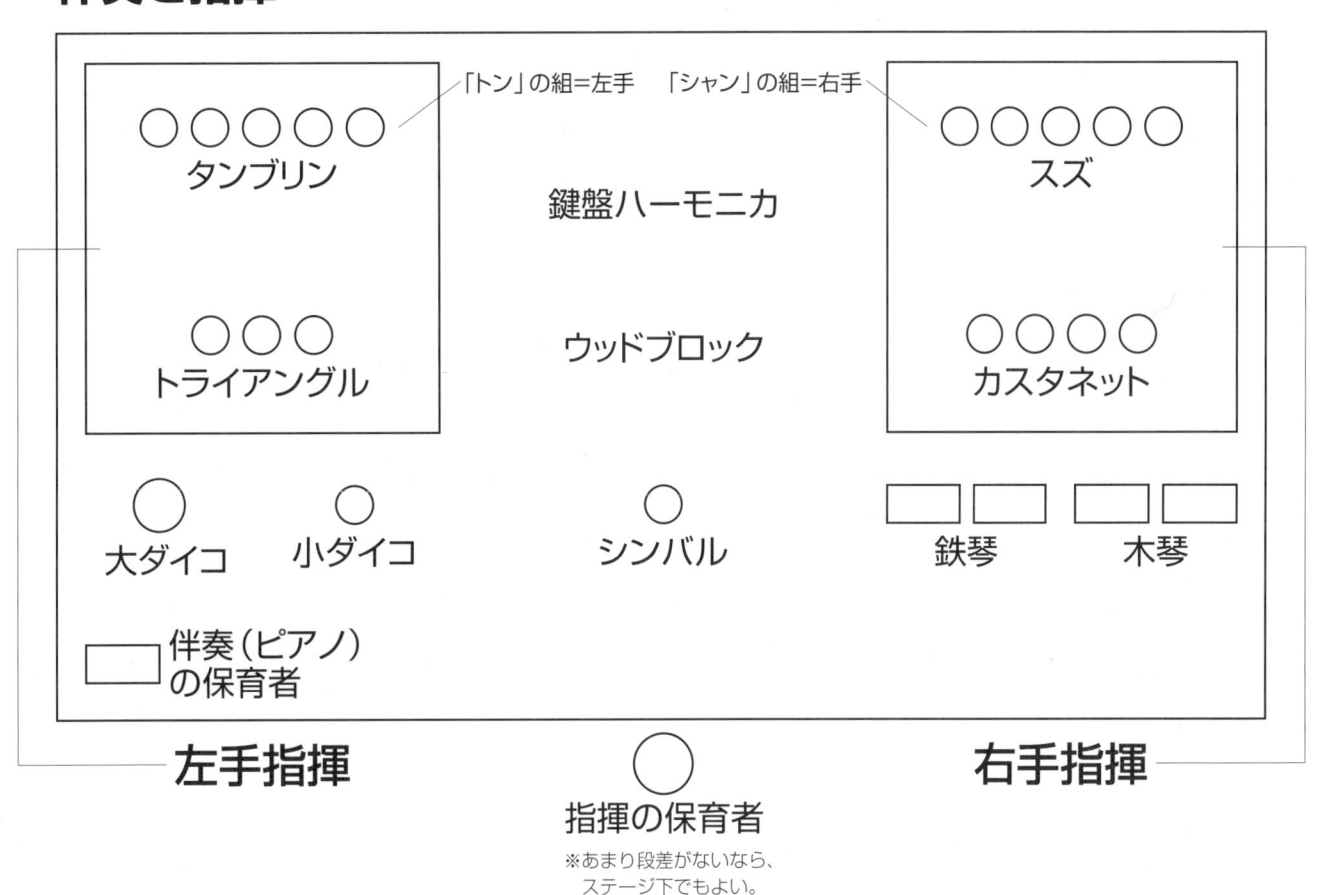

```
「トン」の組=左手   「シャン」の組=右手

○○○○○                              ○○○○○
タンブリン          鍵盤ハーモニカ        スズ

○○○                                ○○○○
トライアングル      ウッドブロック        カスタネット

  ○         ○           ○         □□   □□
大ダイコ    小ダイコ      シンバル     鉄琴   木琴

□ 伴奏（ピアノ）
  の保育者
```

左手指揮   右手指揮

　　　　　　　　　　　○
　　　　　　　　　指揮の保育者
　　　　　　　　　※あまり段差がないなら、
　　　　　　　　　　ステージ下でもよい。

　上のように並んで、次のようにことばがけしてやってみましょう。

左手は「トン」の組ね！
右手は「シャン」の組よ！
左手が動いたら、タンブリンとトライアングルよ！
右手が動いたら、スズとカスタネットね！
ほかの楽器の人は、先生の合図（顔）をよく見てね！

```
     シャンシャンシャン    シャン   シャン
トン  ♩  ♩  ♩   ‖ トン ♩ トン ♩ ‖
      右手           右手   右手
左手              左手   左手

チャンチャンチャン   ン
 ♩  ♩  ♩    ♪   ‖
両手
```

235

楽器のバランスと年齢別楽器の構成

楽器のバランス

　アンサンブルは、少人数の方が効果的です。バランスよく楽器を配分することが大切です。

例

音程のないもの		音程のあるもの	
カスタネット	1～2	鉄琴	1
鈴	2～4	木琴	1
トライアングル	1	鍵盤ハーモニカ	1～3
タンブリン	1～2		
ウッドブロック	1		
大太鼓	1		
小太鼓	2		
シンバル	1		

　例の表で大ダイコ、小ダイコ、シンバルを除いた楽器はバランスを考え、クラスの人数で配分してください（トライアングルは、ほかの楽器よりも少なめにしてください）。

※詳しくは各曲の"並び方の例"を参照してください。

年齢別楽器の構成

2歳児…………一つの楽器のみ
　　　　なんにでも興味を持ち、触ってみたい時期。回りの環境が整っていれば、すぐに反応できる状態にいる年齢なので、いろいろな楽器が身近にあることが環境づくりになります。音の出るものを振る、たたくなどし、音が出たときの喜びを味わい、曲に合わせていけるように発展させていきます。

3歳児（年少）…部分奏　打楽器（スズ・タンブリン・カスタネット）
　　　　音楽（歌）をちゃんと聴き、♩♩♩ ♪のリズムを中心に部分打ちができるようになります。ほかのパートを聴いていて、自分のときに楽器を鳴らします。

4歳児(年中)…ほかの打楽器（大ダイコ・小ダイコ・ウッドブロック・シンバル・トライアングル）が加わる。

打楽器に大ダイコ、小ダイコ、ウッドブロック、シンバル、などが加わり、みんなで合奏している意識がわかってきます。

5歳児(年長)…有音程楽器（木琴・鉄琴・鍵盤ハーモニカ）が加わる。

バッテリーのリズムを中心に有音程楽器が加わり、クラス全体で力を合わせて合奏をつくり上げていくことが大切です。一つの楽器が欠けてもできない（しあがらない）ことを話し、ひとりひとりが大事であることを認識できるようにしましょう。

※選曲にも十分配慮してください。

基本のリズムを楽しく打ちましょう!!

ピアノに合わせて、4分音符・2分音符・8分音符を楽しく鳴らしましょう。

行ない方

Ⓐ 始めは保育者の合図(ハイ)の次に子どもは楽器で音符を表現します。
Ⓑ できるようになってきたら、保育者が1小節弾いて、それで、何音符かを聞き分け、保育者のピアノ1小節を待たずに続けていけるように発展してみましょう。
(注意) 子どもが打楽器のところも、保育者のピアノは入ります。打楽器のところは、スズ・カスタネット・タンブリンなどです。
(その他) ゆっくりは クマさんみたいに、ふつうはウサギさんみたいに、はやくはリスさんみたいに、と話しかけながら表現してもよいでしょう。

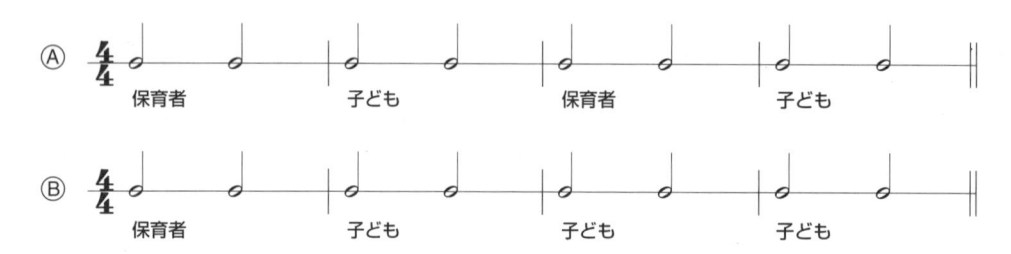

ふつう(4分音符)

ゆっくり（2分音符）

はやく（8分音符）

礼音（最初と最後に入れましょう）

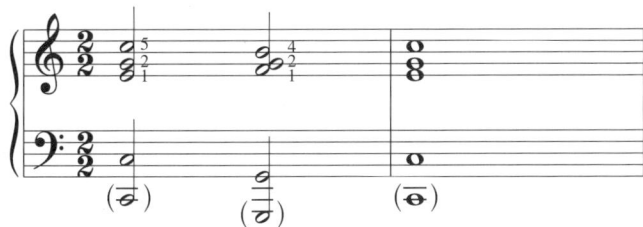

―監修者紹介―

石丸　由理（いしまる　ゆり）

日本ジャック＝ダルクローズ協会（FIER日本支部）会長
ユリ・リトミック教室　主宰
NHK教育テレビ　低学年音楽番組
「ワンツーどん」「まちかどドレミ」「ドレミノテレビ」制作スタッフ

―編著者紹介―

佐藤千賀子（さとう　ちかこ）

道灌山保育福祉専門学校講師
幼児音楽専門講師として、園での子どもたちへの直接指導や、
保育者対象の講習会を行なっている。

編著者あとがき

この合奏曲集は、全て、子供たちと演奏し、実践して生まれた曲集です。
どの園にもある楽器で構成し、年齢別に無理なく演奏できるようにアレンジしてありますが、合奏や、楽器の演奏経験、季節によって、子供たちにあう曲を選んでいきましょう。

合奏を通し、子供たちは、人と気持ちをあわせ、人とあわせて演奏する喜びを経験できます。１つの難しい曲を発表会で演奏するだけ、というのではなく、毎月の小品の演奏の積み重ねが、ハーモニーを感じ、フレーズ感、拍子感という、音楽の基礎能力をつけていきます。

保育者が、子供のいろいろな音楽性を伸ばせるように、何を教えたらよいか、クラスに必要な要素をよく考えて、前もって計画を立てて取り組んでほしいと思っています、

子供たちから合奏しようよ…とせがまれる、そんなクラス作りのお手伝いができると嬉しいと思います。

佐藤千賀子

年齢別2～5歳児
合奏楽譜百科

2004年9月　　　初版発行Ⓒ

監修者	石丸　由理
編著者	佐藤千賀子
発行人	岡本　健
発行所	ひかりのくに株式会社

〒543-0001　大阪市天王寺区上本町3-2-14　郵便振替00920-2-118855
〒175-0082　東京都板橋区高島平6-1-1　郵便振替00150-0-30666
ひかりのくにホームページアドレス　http://www.hikarinokuni.co.jp

印刷所　凸版印刷株式会社
Printed in Japan　　　　　　　　　　　　　　　　　　　Ⓒ2004
　　　　　　　　　　　　　　　　　　　　　　　　ISBN4-564-60247-0
JASRAC 出0411287-401　　　　　NDC376 240p 26×21cm

◆この音楽著作物の全部または一部を権利者に無断で複製（コピー）することは、著作権の侵害にあたり、著作権法により罰せられます。